SHIMANE

47 都道府県ご当地文化百科

島根県

丸善出版 編

丸善出版

刊行によせて

　「47都道府県百科」シリーズは、2009年から刊行が開始された小百科シリーズである。さまざまな事象、名産、物産、地理の観点から、47都道府県それぞれの地域性をあぶりだし、比較しながら解説することを趣旨とし、2024年現在、既に40冊近くを数える。
　本シリーズは主に中学・高校の学校図書館や、各自治体の公共図書館、大学図書館を中心に、郷土資料として愛蔵いただいているようである。本シリーズがそもそもそのように、各地域間を比較できるレファレンスとして計画された、という点からは望ましいと思われるが、長年にわたり、それぞれの都道府県ごとにまとめたものもあれば、自分の住んでいる都道府県について、自宅の本棚におきやすいのに、という要望が編集部に多く寄せられたそうである。
　そこで、シリーズ開始から15年を数える2024年、その要望に応え、これまでに刊行した書籍の中から30タイトルを選び、47都道府県ごとに再構成し、手に取りやすい体裁で上梓しよう、というのが本シリーズの趣旨だそうである。

　各都道府県ごとにまとめられた本シリーズの目次は、まずそれぞれの都道府県の概要（知っておきたい基礎知識）を解説したうえで、次のように構成される（カギカッコ内は元となった既刊のタイトル）。

　Ⅰ　歴史の文化編
　　「遺跡」「国宝 / 重要文化財」「城郭」「戦国大名」「名門 / 名家」
　　「博物館」「名字」
　Ⅱ　食の文化編
　　「米 / 雑穀」「こなもの」「くだもの」「魚食」「肉食」「地鶏」「汁

i

物」「伝統調味料」「発酵」「和菓子/郷土菓子」「乾物/干物」
Ⅲ　営みの文化編
「伝統行事」「寺社信仰」「伝統工芸」「民話」「妖怪伝承」「高校野球」「やきもの」
Ⅳ　風景の文化編
「地名由来」「商店街」「花風景」「公園/庭園」「温泉」

　土地の過去から始まって、その土地と人によって生み出される食文化に進み、その食を生み出す人の営みに焦点を当て、さらに人の営みの舞台となる風景へと向かっていく、という体系を目論んだ構成になっているようである。

　この目次構成は、一つの都道府県の特色理解と、郷土への関心につながる展開になっていることがうかがえる。また、手に取りやすくなった本書は、それぞれの都道府県に旅するにあたって、ガイドブックと共に手元にあって、気になった風景や寺社、歴史に食べ物といったその背景を探るのにも役立つことだろう。

　　　　　　　　＊　　　　＊　　　　＊

　さて、そもそも47都道府県、とは何なのだろうか。47都道府県の地域性の比較を行うという本シリーズを再構成し、47都道府県ごとに紹介する以上、この「刊行によせて」でそのことを少し触れておく必要があるだろう。

　日本の古くからの地域区分といえば、「五畿七道と六十余州」と呼ばれる、京都を中心に道沿いに区分された8つの地域と、66の「国」ならびに2島に分かつ区分が長年にわたり用いられてきた。律令制の時代に始まる地域区分は、平安時代の国司制度はもちろんのこと、武家政権時代の国ごとの守護制度などにおいて（一部の広すぎる国、例えば陸奥などの例外はあるとはいえ）長らく政治的な区分でもあった。江戸時代以降、政治的区分としては「三百諸侯」とも称される大名家の領地区分が実効的なものとなるが、それでもなお、令制国一国を領すると見なされた大名を「国持」と称するなど、この区分は日本列島の人々の念頭に残り続けた。

　それが大きく変化するのは、明治維新からである。まず地方区分

は旧来のものにさらに「北海道」が加わり、平安時代以来の陸奥・出羽の広大な範囲が複数の「国」に分割される。政治上では、まずは京・大阪・東京の大都市である「府」、中央政府の管理下にある「県」、各大名家に統治権を返上させたものの当面存続する「藩」に分割された区分は、大名家所領を反映して飛び地が多く、中央集権のもとで中央政府の政策を地方に反映させることを目指した当時としては、極めて使いづらいものになっていた。そこで、まずはこれら藩が少し整理のうえ「県」に移行する。これがいわゆる「廃藩置県」である。これらの統合が順次進められ、時にあまりに統合しすぎて逆に非効率だと慌てつつ、1889年、ようやく1道3府43県という、現在の47の区分が確定。さらに第2次世界大戦中の1943年に東京府が「東京都」になり、これでようやく1都1道2府43県、すなわち「47都道府県」と言える状態になったのである。これが現在からおよそ80年前のことである。また、この間に地方もまとめ直され、京都を中心とみるのではなく複数のブロックで扱うことが多くなった。本シリーズで使っている区分で言えば、北海道・東北・関東・北陸・甲信・東海・近畿・中国・四国・九州及び沖縄の10地方区分だが、これは今も分け方が複数存在している。

　だいたいどのような地域区分にも言えることではあるのだが、地域区分は人が引いたものである以上、どこかで恣意的なものにはなる。一応1500年以上はある日本史において、この47都道府県という区分が定着したのはわずか80年前のことに過ぎない。かといって完全に人工的なものかと言われれば、現代の47都道府県の区分の多くが旧六十余州の境目とも微妙に合致して今も旧国名が使われることがあるという点でも、境目に自然地理的な山や川が良く用いられているという点でも、何より我々が出身地としてうっかり「〇〇県出身」と言ってしまう点を考えても（一部例外はあるともいうが）、それもまた否である。ひとたび生み出された地域区分は、使い続けていればそれなりの実態を持つようになるし、ましてや私たちの生活からそう簡単に逃れることはできないのである。

＊　　　＊　　　＊

　各都道府県ごとにまとめ直す、ということは、本シリーズにおい

ては「あえて」という枕詞がつくだろう。47都道府県を横断的に見てきたこれまでの既刊シリーズをいったん分解し、各都道府県ごとにまとめることで、私たちが「郷土性」と認識しているものがどのようにして構築されたのか、どのように認識しているのかを、複数のジャンルを横断することで見えてくるものがきっとあるであろう。もちろん、47都道府県すべての巻を購入して、とある県のあるジャンルと、別の県のあるジャンルを比較し、その類似性や違いを考えていくことも悪くない。あるいは、各巻ごとに精読し、県の中での違いを考えてみることも考えられるだろう。

　ともかくも、地域性を考察するということは、地域を再発見することでもある。我々が普段当たり前だと思っている地域性や郷土というものからいったん身を引きはがし、一歩引いて観察し、また戻ってくることでもある。有名な小説風に言えば、「行きて帰りし」である。

　本シリーズがそのような地域性を再発見する旅の一助となることを願いたい。

2024年5月吉日

執筆者を代表して

森岡　浩

目　　次

知っておきたい基礎知識　1

基本データ（面積・人口・県庁所在地・主要都市・県の植物・県の動物・該当する旧制国・大名・農産品の名産・水産品の名産・製造品出荷額）／県章／ランキング1位／地勢／主要都市／主要な国宝／県の木秘話／主な有名観光地／文化／食べ物／歴史

I　歴史の文化編　11

遺跡 12／国宝/重要文化財 18／城郭 23／戦国大名 30／名門/名家 36／博物館 42／名字 48

II　食の文化編　53

米/雑穀 54／こなもの 60／くだもの 64／魚食 69／肉食 73／地鶏 78／汁物 81／伝統調味料 87／発酵 92／和菓子/郷土菓子 97／乾物/干物 104

III　営みの文化編　107

伝統行事 108／寺社信仰 115／伝統工芸 121／民話 127／妖怪伝承 132／高校野球 138／やきもの 144

Ⅳ 風景の文化編 149

地名由来 150／商店街 155／花風景 161／公園/庭園 166／温泉 170

執筆者／出典一覧 174
索　引 176

【注】本書は既刊シリーズを再構成して都道府県ごとにまとめたものであるため、記述内容はそれぞれの巻が刊行された年時点での情報となります

島根県

知っておきたい基礎知識

- 面積：6707km^2
- 人口：64万人（2024年速報値）
- 県庁所在地：松江市
- 主要都市：出雲、浜田、江津、益田、大田、安来
- 県の植物：クロマツ（木）、ボタン（花）
- 県の動物：ハクチョウ（鳥）、トビウオ（魚）
- 該当する令制国：山陰道出雲国（出雲市域を含む東部）、石見国（西部）、隠岐国（隠岐諸島）
- 該当する大名：松江藩（松平氏）、浜田藩（松平氏など）、津和野藩（亀井氏）
- 農産品の名産：ブドウ、メロン、ワサビ、薬用ニンジン、キャベツ、トマト、ナシなど
- 水産品の名産：アジ、トビウオ、タイ、カキ、シジミなど
- 製造品出荷額：1兆2700億円（2020年工業統計）

●県　章

中心から放射線状にのびる4つの円形が、雲形を構成して、島根県の調和のある発展と躍進を象徴し、円形は、「マ」を4つ組みあわせたもので「シマ」と読まれ、県民の団結をあらわす。

●ランキング1位
・ヤマトシジミの漁獲量　後で触れる「宍道湖七珍」の一つにも数えられるシジミの漁は、水深の浅いあたりで湖底を掻くように行われる。この宍道湖と隣り合う中海は、古代においては合わせて「意宇の入海」と呼ばれるほど深く入り込んだ入江であり、現在でも水産物が豊富である。

●地　勢
　中国地方の中でも日本海側を指す山陰地方の西側にあたる。県域は日本海に突き出した島根半島を中心とした出雲地域、江の川などの諸河川はあるものの平地は少ない石見地域、出雲から北の沖合に浮かぶ島々である隠岐地域からなる。

　出雲地域は国内でも有数の湖である宍道湖と中海を中心とする。いずれも汽水湖である。西から宍道湖に流れ込む斐伊川の流域には県内で最大の平地である出雲平野が形作られ、この平野の北西に古くから信仰される出雲大社がある。ただし、県内最大都市の松江はこの平野ではなく湖の反対側、中海と宍道湖とをつなぐ大橋川をまたぐように広がっている。一方、石見地域は沿岸に江津、浜田、大田といった小都市が点在するが、平地はこれらの小都市を形成する河川にそった谷筋以外には存在しない。そのため、海上はともかくとして陸上東西方向の交通の便が悪く、古くから山を越える広島県方面への交通も存在した。

　山岳地帯は中国山地の全体的な傾向に外れず比較的低く緩やかな山並みが続くが、特筆すべき点として、かつて戦国時代にヨーロッパの地図にまで書かれたことで有名な石見（大森）銀山がある。一方、対照的なのは隠岐諸島の海岸で、200m以上の高さにそびえることで有名な島前知夫里島の赤壁をはじめとして、全体的に火山由来の激しい地形が広がっている。隠岐諸島は大きな円状をなす島後と、主要3島を含んで広がるカルデラとなっている島前からなっており、日本海側のこの辺りでは珍しく島となっている。

●主要都市
・松江市　現在の都市は江戸時代初期に松江城を中心として整備された城下町に由来する県庁所在地。ただし、それ以前より大橋川の渡し場として

市内中心部の白潟地区の一帯に町場があったことが確認されている。宍道湖の水を取り込んだ堀の多さ、また武家屋敷街や国宝の松江城などの存在から国内を代表する城下町の一つとして知られている。なお、合併により島根半島の突端にある中世以来の港町、美保関を市域に含んでいる。
・浜田市　古くから石見国の国府がおかれ、また地理的にも石見地域の中ほどに位置する石見地域の中心都市。現在の都市は中世に発達した港町に由来し、その後浜田城の城下町に取り込まれた。浜田藩密貿易事件などをはじめとして、意外と朝鮮半島との関わりが深い町。
・出雲市　中世から一帯最大の商業の中心として栄えた今市、綿花の集散地として江戸時代に発展した平田、出雲大社の門前町の杵築などを含めて合併した都市。人口順位では松江市に次ぐ。
・大田市　石見地域の東部にある港町。また市域には世界遺産にも登録された石見銀山が含まれ、その銀の積み出し湊であった温泉津なども市域にあたる。
・江津市　中国山地を激しく蛇行することで名高い江の川の河口にある港町。瓦の生産でも有名で、オレンジ色の石州瓦はこの地域を代表する景観として知られている。
・益田市　石見地域の西部、中世の益田氏の本拠地に由来する都市。その後は城下町にならず、結果として中世以来の町割りを残した。隣町の津和野は石見南部を支配した津和野藩の城下町である。

●主要な国宝

・荒神谷遺跡出土品　出雲平野の南の山際にある荒神谷で1983年に出土した、358本もの銅剣に銅鐸などが指定されている。青銅器のこれだけまとまった数の出土も異例ながら、弥生時代の後期、つまり古墳時代へとつながる古代の比較的大きな勢力としての出雲の実態につながる遺跡として当時大きな注目を浴びた。
・松江城　千鳥城とも呼ばれる、現存12天守の一つである黒い天守の残る城。城は第二次世界大戦前にも国宝だったのだが、戦後になって重要文化財の扱いとなっていた。何とか再度の国宝指定を受けようと、1950年代から運動や調査がたびたびおこなわれていたところ、2010年代に入って天守の建築的な構造がおおむね判明したことに加えて、天守の完成年を記した祈祷札が発見。晴れて2015年に国宝指定を受けた。

島根県　知っておきたい基礎知識　3

- 出雲大社(いずもたいしゃ)　国宝に指定されているのは1744年建造の本殿。大社造りと呼ばれる神社建築の中でも古い様式で知られるが、古く奈良時代や平安時代には、今よりもはるかに高い柱の上に本殿が建てられており、当時としては破格の高層建築といいうるものであったことが近年の調査で判明した。ただ、そのためにたびたび倒壊もしていたらしい。『古事記(こじき)』中の神話では、出雲の神オオクニヌシが大地の支配権をアマテラスに譲り渡した際にその条件として作られたと語られている。

●県の木秘話

- クロマツ　海岸部などによくみられる針葉樹。季節風が強い島根県の沿岸部では防砂林や屋敷林・築地松(ついじまつ)としても身近なものであった。語られるものには、かつて美保関港の目印でもあったという「関の五本松」がある。
- ボタン　多弁の鮮やかな赤系統の花を咲かせる。中国では古くから美人の象徴ともされ、日本には古代に中国から移入された。島根県での栽培は300年ほど前に中海に浮かぶ大根島へと移入されたことで始まり、品種改良を経て現在では日本最大のボタン産地として知られている。

●主な有名観光地

- 赤壁　火山性の島である隠岐には、ジオパークに認定されるほど多数の地質的な奇観が存在するが、島前諸島の知夫里島にあるこの崖は、酸化鉄によって呈された赤い崖で有名である。
- 松江城下町　宍道湖と大橋川から引いた水が張り巡らされた町には、塩見縄手をはじめとした武家屋敷群、また末次や京店の近代建築などが数多く残り、人気観光地としても知られている。
- 石見銀山　大森銀山とも呼ばれたこの山は、江戸時代の坑道(間歩(まぶ))や鉱山町がよく残ることで知られている。また、町の周囲に広がる森は、もともと煙害・公害が発生しやすい鉱山のために意識的に植林がすすめられた。
- 津和野　内陸部の小城下町である津和野は商家や武家の街並みが多数残る城下町として知られている。また、明治時代の小説家である森鴎外(もりおうがい)(本名は森林太郎)の出身地であり、彼が死に際して「余は石見人森林太郎として死せんと欲す」といったことは有名である。

●文 化
- **石見神楽** 石見地域は娯楽・神事の双方において多数の神楽が踊られることで有名である。特産の石見半紙で作った面や装置によって勇壮かつ動きが激しい舞を実現し、また神話劇の導入や民間への舞手の拡大など、その時々に応じた変革と、一方で神事としての伝承の双方とを併せ持つことで命脈を保っている。
- **安来節** 中海には日本海海運の多くの船が出入りしたが、安来もその港の一つとして栄え、各地の民謡が流入した。そうして発達していったのが「安来節」で、ドジョウすくいの踊りは近代以降に有名になっている。
- **隠岐の牛突き** 隠岐諸島は日本海海運の寄港地として栄えたが故の各地からの文化の流入と、一方で島としての特有の文化が特徴的だが、この日本では珍しい闘牛も、流罪となった後鳥羽上皇が、子牛が角を突き合わせるのをみて喜んだことに始まると伝えられている。実際、ほぼ同時代となる後白河法皇が牛突きを見たという記録がある。
- **小泉八雲と物語** 本名をラフカディオ・ハーン（ヘルン）と呼ばれる彼は『怪談』をはじめとして多数の物語を再話したことで知られているが、特に彼が島根と結びつけて語られるのは、かれがまず日本で最初に長く住んだのが松江の町であること、そして、そこで知り合った武家の娘節子と結婚し、特に彼女から様々な物語を語ってもらったためである。松江の印象を静かに書いた作品に、「神々の国の首都」がある。
- **たたら製鉄** 出雲地域をはじめとした中国地方内陸部は砂鉄をよく産し、約100年前に至るまで日本を代表する製鉄地であった。この技法は木炭を燃料にして、ふいごを用いて高熱にして鉄に結び付いた酸素を還元し鉄を取り出す技法であり、特に中世以降は映画「もののけ姫」のモデルとしても有名な足踏み式のふいごも導入される。また、砂鉄が多い特性を生かし、砂を川に流して比重によって鉄をより分ける鉄穴流しという技法もとられたが、このことが中国地方各地の河川で平野の急激な拡大と洪水をも引き起こしてきた。島根県では斐伊川のそれが特に有名である。

●食べ物
- **松江の茶の湯** 松江をはじめとした出雲地域は民間でも茶の湯が盛んなことで知られているが、その広まりのきっかけは、1800年ごろの松江藩主

である松平治郷(不昧公)が自らも江戸時代を代表する茶人として活躍したことで、松江の住人にもその習慣が広まったのだといわれる(ただし、特に彼が顕彰されるようになるのは明治期以降のことである)。この結果、松江を中心とした一帯には「不昧公好み」と称される和菓子などが発達することになった。市内には茶室なども数多く保存されている。

・宍道湖七珍　シラウオ、アマサギ、スズキ、コイ、エビ、シジミ、ウナギという宍道湖でとれる有名な7種の水産物を指す。この呼び名自体は近代のものだが、すでにその頃からどれを七珍にするか(そもそも7つで収まるのか)、論議があったそうである。ただ、宍道湖はその形上、水質の悪化しやすい湖でもあり、近年はその保全、ひいては水産資源の保護も隣の中海とともに課題となっている。

●歴　史

●古　代

　山陰地方全体の中では日本海に向けて突出した形状になっている島根県の一帯には、強い勢力を持つ豪族が早くからいたようである。特に有名な遺跡が出雲市にある西谷墳墓群(約1800年前と推定)である。斐伊川が出雲平野に入るところの微高地にあるこの古墳は、山陰地方特有の「四隅突出型」と呼ばれる独特の形状をしたものであり、また副葬品には吉備(岡山県一帯)や丹後(京都府北部)の特徴を持つ土器が含まれ、また鉄剣や水銀朱(硫化水銀)も多数出土している。このうち水銀朱は組成から中国から持ち込まれた可能性が指摘され、中国や大陸とのつながりが疑われている。

　現代でも竹島／独島問題に代表されるように島根県と朝鮮半島は近いため、古代にも交流があったのではと推定されている。その理由には沖合を西から東に流れる対馬海流の存在、また出雲地域に中海をはじめとして広がるラグーンの存在があげられる。対馬海流は大陸から日本方面に日本海経由で向かう場合にはちょうどよい潮流を提供しており、平安時代にはこれに乗って敦賀まで渤海使(中国東北部〜朝鮮半島北部にあった渤海国の使者)がきた、という記録もある。また、入海やラグーンは北西の季節風が激しい日本海においては避難港として重要なのだが、出雲大社の前(現在の神西湖の前身)や中海などの大きな入海が出雲にあり、日本海を通じ

た交易の基盤になったと推定されている。その広まりの反映とみられるのが『出雲国風土記』中にある「国引き神話」で、この神話では出雲国が狭いのを嘆いた神が、新羅（朝鮮半島）や北の海の向こう、さらには越の国（北陸地方。この文脈では能登半島と推定）など各地から余った土地を引っ張ってきたと物語られている。

　これら出雲にあった豪族の勢力は、本州の主要勢力と同様に古墳時代にかけて徐々に近畿地方の朝廷の元に取り込まれていくが、出雲についてはやや例外的に、オオクニヌシ神話や国引き神話をはじめとして古くからあったとみられる神話が『古事記』や『出雲国風土記』（風土記中でも珍しくほぼ完全に残っている）を通じて現代まで伝えられることになった。そのオオクニヌシをまつる出雲大社（長らく杵築大社ともよばれた）の創建時期ははっきりしてはいないが、少なくとも早くから当時としての巨大建築物として有名だったようである。また、これに関連して出雲国において特殊だった点として、令制国の国司とは別に、出雲大社の祭祀をつかさどる出雲国造家が存続したことである。国造とは古くは朝廷に認められて地域を支配した豪族を指したため、律令制下ではそのほとんどが消えたのだが、この家は系統分裂こそしたものの現代まで存続している。

　一方、石見地域にも弥生時代〜古墳時代の遺跡が多数存在するが、こちらはどちらかといえば隣り合う山口県のものに近いことが知られている。

　とにもかくにも、山陰道、そして石見・出雲・隠岐は7世紀にはすでに範囲が成立していたようである。奈良時代〜平安時代においては、石見国は歌人柿本人麻呂の終焉の地として知られている。海に隔てられた隠岐はすでに『古事記』中に主要な島の一つとして数えられていた一方、早くから流罪の地として知られ、またこの時代から朝廷による日本の境界の地としての認識もある程度あった。記録では、平安時代の国司の一人が新羅と通じていると、嘘の密告をされた事例さえあったという。

● 中　世

　他地域と同様に、院政期までには出雲・石見の両国において多数の荘園が成立していた。ただし、その国力には大きく差があり、出雲が比較的豊かな国として知られた一方、石見はあまり実入りがない国とされていた。それでも武家の土着はあり、石見に中世をとおして勢力を持つ益田氏は、石見に下向した官人にルーツがあると語られている。出雲ではこれに対し

て皇室の荘園がやや多く、また平家政権下では平家よりの領主も多かったが、この事態が急転するのが承久の乱（1221年）である。よく知られているとおり、後鳥羽上皇方が鎌倉幕府方に敗北したことによって、その後の戦後処理で上皇方に与した領主はほぼすべて新たに幕府側の地頭に挿げ替えられ、守護職には近江（滋賀県）の名族である佐々木氏が入ることになる。加えて、島根県域に関して言えば、隠岐が後鳥羽上皇の流罪地に選ばれた。この天皇が隠岐に流されるという事態はその後、後醍醐天皇についても発生するが、この時は天皇が島から伯耆（鳥取県）へと脱出し、そのまま鎌倉幕府の崩壊につながっている。

　出雲守護職は鎌倉時代から引き続いて室町時代にも、佐々木氏の一族である塩冶氏や京極氏が務めたが、戦国時代になると尼子氏が台頭した。1500年代の当主である経久は出雲の名族との婚姻も進め、一時は月山富田城を中心に中国地方のうち11か国を支配するといわれたほどの勢威を見せる。出雲地域をはじめとする中国山地の一帯は砂鉄を原料としたたたら製鉄が盛んであり、それらの経済力にも支えられた。

　また、石見では戦国時代の1527年、後代まで地名を世界地図にも残すことになる石見銀山が発見されている。発見のいわれ自体、当時日本から中国への主要輸出品だった銅鉱石を運んでいた船が、山が光っているのを見とがめたという大陸貿易にかかわるものである。加えてその後、鉱石の精錬法である灰吹法が導入されるにあたっても、当時大陸・朝鮮貿易において日本有数の港であった博多の商人が、朝鮮からともされるその技術を持つ技術者を銀山に送り込んだことに始まるとされるなど、石見と日本海貿易のつながりを強く感じさせるものであった。この点については、この時代にも益田を中心に南部を支配した益田氏の船が小浜（福井県）に来ていることが確認され、また、南から勢力を拡大してきた毛利氏に対して蝦夷地の産物や朝鮮半島の虎皮を献上したという逸話にも片鱗がある。

　戦国時代の後期になると県内全体が毛利家の支配下にはいっていき、続く豊臣政権下でもその支配は認められることになる。しかし、1600年の関ヶ原の戦いで毛利家所領は現在の山口県にまで縮小。これに伴い益田氏のように毛利氏に従い移住する者、宍道氏のようにすでにルーツの出雲から切り離されていたものなど、県内全域の領主が変わることになる。

●近世

　出雲地域にはまず堀尾氏が配され、彼により宍道湖の東、中海へと抜ける水路上にあった白潟の港町の北に新たに城下町が築かれた。これが現在に続く松江の城下町である。その後、一時京極氏が入った後に、徳川家の一門である松平氏が入って幕末までそのまま支配する。基本的に財政難という点では諸藩と変わらないものの、一方で内陸部のたたら製鉄や、出雲平野に産する木綿などの栽培などの特産品には恵まれ、特に後期に関しては富裕な豪農などの献金や協力も受けつつ比較的安定して運営されていた。このことは、松江藩の資料として約100年分が残っている財政記録『出入捷覧』などから明らかになっている。これを背景に、平田の木綿や出雲内陸部の牛生産、松江の茶にまつわる工芸品や菓子といった伝統産業も発達した。また出雲大社も各地への御師による宣伝などで信仰を広め、徳川氏による保護も受けて社殿の造営が何回か行われている。なお、この江戸時代の初期に、斐伊川の流路がそれまでの西の海へと注ぐ川筋を、宍道湖へと注ぐものに付け替えられた。美保関や隠岐などは日本海交易の寄港地としてにぎわっている。

　石見地域では銀山が幕府の直轄領とされ、温泉津港などが整備される一方、冬の荒海を避けるために瀬戸内海へと向かう街道もいくつか整備された。備後尾道（広島県）に向かう石見銀山街道などである。このほか南西内陸部の津和野と、沿岸部の浜田に大名がおかれたが、いずれも山間部が多いため基本的に財政難であり、瓦や半紙などの殖産興業策がとられていた。この時代にも石見地域と朝鮮半島をめぐる事件、「天保竹島一件」が1836年に発生している。浜田の財政難を憂えた商人が竹島（ただし、写された地図などからこの「竹島」は現在の韓国領鬱陵島と推定されている）への渡海や朝鮮などとの密貿易を敢行し、それが発覚してとらえられた事件である。この事件は現代における竹島（こちらは当時の「松島」と推定）の領有権問題（1905年の領土編入宣言と戦後の韓国再独立で活性化）にも影響している。また、朝鮮半島からの漁民の漂着もすでにこの時代から隠岐などであり、松江藩などが対応している。

●近代

　長州藩に隣接していた浜田藩は幕末に発生した第二次長州征討において

その前線となり、領内は被害を被っている。一方の松江藩などは最終的に新政府側となり明治維新を迎えたが、松江藩領においては1868～1869年にかけて、尊皇攘夷思想を持つ島の有力者と米価高騰などに悩む島民とによって、松江藩代官を追放して自治をもくろむ運動「隠岐騒動」が発生しており、このため隠岐では一時的に廃藩置県に先立って隠岐県が設置されることになった。

　廃藩置県での旧藩・幕府領にのっとった県の設置は、1871年までに出雲地域を管轄する島根県と石見地域を管轄する浜田県に整理されるが、1876年に島根県が浜田県と鳥取県を吸収する形となった。ただし広すぎたために早速旧鳥取県の分置運動がおこり、1881年に分離して現在の県域が確定した。この間、隠岐は浜田県、鳥取県、島根県の間で管轄が揺れ動いた。

　これ以降の島根県は松江が山陰地方の中心地として発展する。一方で、陸路の便には恵まれず（山陰本線は当時、鳥取・兵庫県側からも山口県側からもなかなか開通しなかった）、一時は丹後舞鶴（京都府）から鳥取県境港までの連絡船が島根方面に向かうメインルートとされるほどであった。このためもあってか、県内の近代工業はあまり発達せず（ただし、たたら製鉄の衰退にともなう危機感から、安来に製鋼所が発足し国内で始めて電気炉も実用化された）、現代の島根県は出雲大社や城下町、また各所に残った古い町並みや豊かな自然を中心とした観光業や農業、海や宍道湖での水産業が主になっている。特に観光については近年、外国人観光客の割合も増えつつある。

【参考文献】
・松尾寿ほか『島根県の歴史』山川出版社、2010
・佐伯徳哉『出雲の中世』吉川弘文館、2017

I

歴史の文化編

遺　跡

出雲大社境内跡遺跡（宇豆柱）

地域の特色　島根県は、中国地方の北西部、日本海側に位置する。東は鳥取県、南は広島県、西は山口県に接する。海上約80kmの位置に隠岐諸島がある。南部の県境は中国山地の1,000m級の山々が連なり、山陽と山陰を分ける分水嶺となっている。山陽側の地形がゆるやかであるのに対し、山陰側は日本海に向かって急傾斜し、河川は急流となる。江川は広島県山県郡大朝町に源を発し、三次盆地を迂回して島根県に入り、日本海に注ぐ206kmの川である。なお県下の河川は、宍道湖に注ぐ斐伊川（75.2km）をはじめ、流長は短い。そのため県下には平野が少なく、石見地方では益田平野、出雲地方では出雲、松江、安来平野などがあげられる。宍道湖や中海は汽水湖であり、魚介類の豊富な魚場となっており、縄文時代以来の遺跡が周辺に多数存在している。また、比較的広い平地に恵まれた中海・宍道湖沿岸では、水田稲作も古くから行われ、他地域に比べても農耕集団の発展や他地方との交流・交易が盛んに行われていたことが、後に述べる遺跡出土の遺物からもうかがわれる。

古代律令制下では、出雲・石見・隠岐といった国に分けられるが、元来の地域性が反映されたものと考えることもでき、古墳時代の出雲地方では大型の四隅突出型墳丘墓が造営された端緒として、東西で古墳の数や規模がやや異なる傾向を示しつつ、大型古墳の築造といった統合化されていく様子がとらえられるが、石見地方では、小平野や盆地がまばらに分布することもあり、集落や古墳も孤立分散的に形成され、政治的なまとまりも十分には認められない。また、日本海に面することから、日本海沿岸のみならず大陸や朝鮮半島とも交流があったことがうかがわれる。

中世以降は荘園が発達し、守護大名として山名氏、佐々木氏などが支配した。その後、京極氏、守護代の尼子氏が支配。戦国時代には毛利氏が支配した。関ヶ原の戦いで毛利氏が衰退し、以後は堀尾氏・京極氏・松平氏による支配が確立し、松江藩となった。一方、石見は戦国期には毛利氏の

支配下であったが、近世は石見銀山の存在から、大部分を幕府天領とし、一部に津和野藩、浜田藩領が存在した。隠岐は古代以来の流刑地で、後鳥羽上皇などの行在所跡が残る。中世は佐々木一族の隠岐氏が治め、近世では松江藩領となっていた。廃藩置県後、出雲には松江県・広瀬県・母里県が置かれたが、その後、浜田県や鳥取県を合併。1881年に鳥取県が再分離され、島根県域が確定した。

主な遺跡

崎ヶ鼻洞窟遺跡
＊松江市：中海に突出した丘陵の先端崖裾、標高5mに位置する　時代　縄文時代前期末～後期後半　史

1934年に発見され、同年と35年に佐々木謙、小林行雄らによって調査された。大小4つの洞窟が並び、第1号洞窟が最も大きく、入口高約7m、幅約15mを測り、奥行45mに及ぶ。遺物は入口付近を中心に出土し、土器（磨消縄文を基調とした縁帯文土器〈崎ヶ鼻式〉）、石器（石斧、石鏃、石匙、石皿、磨石など）が大量に検出された。特に、漁労を物語る石錘は200個近く認められ、骨製尖頭器や銛も出土している。加えて、自然遺物では貝類や魚骨、獣骨類も豊富に出土し、マグロなど大型回遊魚の存在は外洋への活発な漁労活動の一端を示している。また、石鏃の多くは隠岐産の黒曜石が用いられたものと考えられ、石器製作に伴う石屑も多く出土している。なお、洞窟内からは、埋葬されたと思われる縄文時代後期の人骨も出土している。中海周辺には、縄文時代の遺跡が多数認められており、海底からも土器の採集例がある。現在は海水準の上昇で水没した遺跡も存在するものと思われ、中海周辺が漁労、狩猟に適した良好な生活環境が整っていたことを物語っていよう。

西川津遺跡
＊松江市：朝酌川の河川敷、標高-0.5～1.5m付近に位置する　時代　縄文時代前期～弥生時代

1974年に始まった河川改修工事に伴う調査により発見されたもので、1980年より県教育委員会が発掘を行っている。遺物包含層が広範囲に形成され、弥生時代の掘立柱建物や貯蔵穴、木製農具の保管所などの遺構が発見された。特に遺物は土器だけでなく、大量の木製品（多様な形態の鍬・鋤など）やヒョウタン製容器、ゴホウラ製貝輪・結合釣針などもあり、その交流の範囲をうかがわせる。朝酌川下流にはタテチョウ遺跡（松江市）があり、ここからも同様に農具や田下駄、櫂や櫓、丸木弓、火鑽臼など木製品が大量に検出されている。珍しいものでは、中空卵形の土笛が出土し、

I　歴史の文化編　13

中国大陸との関わりも指摘されている。

神庭荒神谷遺跡（かんばこうじんだに）
＊出雲市斐川町：宍道湖低地に伸びる丘陵間の谷あい、標高約22mに位置　時代 弥生時代　史

農道の開設に伴い発見され、1984年、85年に県教育委員会が発掘調査を実施した。1984年に銅剣358本、1985年に銅矛16本、銅鐸6個が検出され、青銅器の出土例の少ない出雲の評価に再考をうながすことになった。斜面をコの字状に造成し、東西約4.6m、南北約2.6〜2.7mの浅い埋納坑を設けて粘土を敷き、刃を立てるかたちで4列、銅剣を埋納して、さらに粘土で上面を覆っていた。銅鐸と銅矛は、銅剣の検出場所より西側約7m先の斜面を切り込み、東西約2.1m、南北約1.5mの埋納坑を設け、向かって左側に銅鐸を3個セット、紐部を向かい合わせで2列、右側に銅矛を鋒と袋部が互い違いになるかたちで納められていた。

銅剣は全長約51cmのもので、銅鐸は小型の全長22〜24cm、銅矛は全長70cmのもの2本と、残りは全長75〜84cmである。銅矛は北部九州地方からの搬入品と考えられている。銅剣358本のうち344本のなかご部分に「×」印が刻まれていた。後述の加茂岩倉遺跡でも同様の事例が認められ、注目されている。なお、出土遺物はいずれも国指定重要文化財に指定され、史跡公園となっている。

加茂岩倉遺跡（かもいわくら）
＊雲南市：宍道湖の南西、中国山地に入った谷最奥部、標高138mに位置　時代 弥生時代　史

1996年、大竹岩倉地区農道整備工事の途上、偶然に発見された。埋納坑は南側に張り出した尾根の先端、南東斜面につくられていた。不時発見のため明確な原位置などは特定できないが、銅鐸は「鰭（ひれ）」と呼ばれる両側面の帯部分を立てるようにして埋められていたと考えられる。出土した銅鐸は、45cm前後のものが20個、30cm前後のものが19個あり、計39個に及ぶ。大きい銅鐸に小さな銅鐸を「入れ子」状にして埋納していた。文様の付けられたものは、流水文銅鐸（りゅうすいもん）が9個、袈裟襷文銅鐸（けさたすきもん）が20個あり、同じ鋳型でつくられた同范（どうはん）の銅鐸も15組26個の関係が明らかとなっている。興味深い点として、銅鐸のうち14個の「鈕（吊り手部）」に「×」の刻印が認められている。前述のように、同様の「×」の刻印が銅剣に認められた神庭荒神谷遺跡は、本遺跡から北西3.4kmに位置しており、その関わりも注目されている。遺物は国宝に指定され、発掘地点にはガイダンス施設がある。

順庵原遺跡 (じゅうなんばら)

＊邑智郡邑南町：出羽盆地の出羽川の河岸段丘上、標高約310mに位置　**時代**　弥生時代〜古墳時代

1969年に国道建設工事に伴い発掘調査が行われた。弥生時代の竪穴住居のほか、方形の四隅に突出部をもつ四隅突出型墳丘墓（よすみとっしゅつがたふんきゅうぼ）が発見された。順庵原1号墳は、10.8×8.3m、高さ1mの墳丘上に箱式石棺墓2基、木棺墓1基の3つの主体がつくられており、主体内部や墳丘周辺の溝からガラス小玉や管玉、弥生土器が出土した。墳丘裾には貼石がめぐらされ、周溝内には直径約1.3mのストーン・サークル状遺構も見られる。こうした四隅突出型墳丘墓は県内では、仲仙寺墳墓群（安来市）の9号墳や10号墳（消滅）や宮山墳墓群（安来市）の4号墳をはじめ事例が認められているが、その発見第1号の古墳として知られる。

神原神社古墳 (かんばらじんじゃ)

＊雲南市：斐伊川支流、赤川左岸の微高地、標高約34mに位置　**時代**　古墳時代前期

1972年に赤川の拡幅工事に伴い、調査が実施された。神原神社本殿の下に存在し、南北にやや長い方墳（35×30m）。埋葬施設は南北を主軸とする竪穴式石室（こぐしつ）で板状の割石を小口積みにしており、長さ5.8m、幅0.9〜1.3m、高さ1.4mを測る。割竹形木棺を設置したものと考えられ、粘土床とその棺が安置されていたと考えられる位置に、栗石を用いた排水溝が設けられている。副葬品が豊富で、素環頭太刀（そかんとうたち）、太刀、鉄剣、鉄鏃、スキ先、鎌、鑿（のみ）、鉇（やりがんな）、錐（きり）、縫針2本などであった。特筆されるのが鏡で、いわゆる卑弥呼（ひみこ）が下賜（かし）された鏡ともいわれる「景初三年」銘をもつ三角縁神獣鏡（さんかくぶちしんじゅうきょう）が1面副葬されていた。出雲地方では最古級の古墳として位置づけられ、古墳は消滅したが、石室が移転した神原神社境内に移築復元されている。また、神原神社古墳の背後の丘陵には神原正面遺跡群（雲南市）がある。尾根上に弥生時代後期から古墳時代にかけての墳墓が密集してつくられ、弥生後期の木棺直葬施設や土壙墓が設けられた半円形の台状墓（径25m）、尾根を切断して削り出した方形台状墓などがあったが、1982年に遺跡のほとんどは公園造成のため調査後に消滅した。

山代二子塚古墳 (やましろふたごづか)

＊松江市：茶臼山北西麓の台地端、標高23mに位置　**時代**　古墳時代　　　　史

後方部の一部が破壊されているが、2段に築成された前方後方墳。復元全長は92mであり、出雲最大級の規模をもつ。埋葬施設の調査は行われていないものの、採集された須恵器などから、6世紀中頃の築造と考えられている。野津左馬之助（のづさまのすけ）によって、1925年刊の『島根県史』第4巻に「前

I　歴史の文化編　　15

方後方墳」の名が初めて使用された古墳として学史的にも貴重である。県内では、今市大念寺古墳（出雲市）が復元全長90mとされ、3段築成で高さ7m、前方後円墳では出雲最大級とされている。後円部南西側に全長12.8mの横穴式石室をもち、長さ3.3m、高さ1.7mの家形石棺を置く。江戸時代の1826年に開口され、金環、金銅装大刀・履など多数の副葬品が発見され、一部が大念寺に残されている。6世紀中頃～後半の築造と考えられる。1981～82年の調査で、墳丘に高度な版築状の技術が用いられていることが判明している。なお、石見地方では、周布古墳（浜田市）が現存全長66.6mの前方後円墳として著名である。

出雲玉作遺跡群
＊松江市：玉湯川上流の丘陵斜面地、標高20～50mに点在　時代 古墳時代～平安時代　史

1969年、71年に山本清らを中心に発掘調査が行われた。玉作の工房跡とされる特殊な工作用のピット（土坑）をもつ住居跡が30棟以上検出されたほか、数万点に及ぶ勾玉や管玉、丸玉などの製品や製作工程のわかる未製品、砥石や鉄製工具といった攻玉具が発見された。碧玉をはじめとする原石の産出地である花仙山が1kmほどの場所にあり、この一帯が日本でも有数の生産拠点になったと考えられる。出雲での玉作は古代の文献史料にも登場しており、平安時代の法令集『延喜式』には、毎年朝廷に進上された記載もある。現在までに調査された3区のうち宮垣地区の遺跡群は、史跡公園として整備されている。

出雲国府跡
＊松江市：意宇平野の南辺、微高地上の標高約13mに位置　時代 奈良時代～平安時代　史

風土記の丘整備の一環として、1968～70年にかけて松江市教育委員会により調査が行われた。辺560尺（約168m）四方の大溝で区画された範囲に、掘立柱建物群や石敷、溝状遺構が認められた。特に柱間・東西5間、南北4間の四面庇の掘立柱建物が出土し、国庁正殿の後殿建物であると推測されている。

遺物には土器のほかに硯や墨書木簡が出土し、「大原評□部□□」と読める木簡は、「郡」の設置以前に「評」が存在したとする「郡評論争」に重要な資料を示すことにもなった。なお、出雲国分寺跡（松江市）は出雲国府跡から東北に1.3km、茶臼山南東麓の標高約11mに位置する。1955～56年に石田茂作らによって時域と主要伽藍の調査が行われ、1970～71年には県教育委員会によって調査が行われている。伽藍配置は、南北の中心線上に南門、中門、金堂、講堂、僧房を並べ、中門と講堂を回廊で結ん

で金堂を囲むかたちをとる。中心線の軸は意宇平野の条里方向と一致し、遺物から鎌倉時代まで存続したことが推測されている。なお、創建期の軒丸瓦は新羅の影響を受けた出雲独自の瓦当文様である。さらに、東へ約430m離れた所には国分尼寺があり、1974年、75年に調査が行われている。

出雲大社境内遺跡
＊松江市：出雲平野の北西端、北山山系に接する標高約7～10mに位置　**時代** 平安時代末～鎌倉時代

　1943年の仮殿建設に際して遺物が収集されたことを発端として、1955年には新拝殿建設に伴い発掘調査が行われ、1999～2000年に行われた地下祭礼準備室建設に伴う調査で巨大な神殿遺構が検出された。棟持柱（宇豆柱）や心御柱、南東側柱などと呼ばれる3本の木材を金輪でまとめた構造の柱（径約3m）が3本検出され、共伴する土器から平安時代末～鎌倉時代の神殿に伴うものと想定されている。出雲国造千家家に伝来する『金輪御造営差図』とほぼ形態的に一致し、史料の信憑性を裏づけるとともに、伝承としての巨大な神殿建築が存在した可能性を示唆する遺構として注目される。調査では、ほかにも室町時代の玉垣跡や江戸時代の本殿の基礎遺構なども検出されており、古来よりの継続的な杵築（出雲）大社の本殿営造の様相を知るうえで貴重な遺構といえる。

国宝 / 重要文化財

銅剣

地域の特性

　中国地方の北西部に位置し、北側が日本海に面して、隠岐諸島を含む。中国山地の分水嶺から北へ、地形は比較的急な傾斜である。東側の斐伊川と神戸川流域の出雲平野と、西側の高津川流域の益田平野以外に、まとまった平野はない。県東部の出雲地方には穀倉地帯の出雲平野がある。城下町として栄えてきた松江は商業や観光の中心となっているが、近代工業はさほど活発に展開していない。県西部の石見地方は石見銀山やたたら製鉄などで有名だったが、現在は鉱工業ではなく、漁業や畜産、観光が盛んである。隠岐は古来から流刑の地として知られ、また朝鮮半島との交通の要地でもあった。

　出雲神話の舞台となり、古代には九州や畿内に対抗するほどの勢力があったと推測されている。弥生時代の遺跡から、ほかに類を見ないほど大量に青銅器が出土したことも、出雲の地域的特性を示している。鎌倉時代には近江源氏の佐々木高綱の支族が勢力を伸ばし、室町時代になると佐々木氏の流れを引く尼子氏が戦国大名となった。しかし尼子氏は毛利氏に敗れて滅亡した。江戸時代には松平氏の松江藩18万6,000石とその二つの支藩、さらにもう二つの藩と石見銀山の天領があった。明治維新の廃藩置県で多くの県が設置された後に島根県に統合され、1876年には鳥取県をも合併した。1881年に鳥取県が分離されて、現在の島根県となった。

国宝 / 重要文化財の特色

　美術工芸品の国宝は3件、重要文化財は71件である。3件の国宝のうち2件は弥生時代の遺跡から出土した青銅器である。出雲大社と古刹の鰐淵寺に国宝 / 重要文化財が多くある。建造物の国宝は3件、重要文化財は21件である。3件の国宝のうち2件は神社建築で、重要文化財にも神社が多い。江戸時代後期の松江藩7代藩主松平不昧は高名な茶人で、茶器の名品を買

い集め、また茶道具を体系的に整理した書物も著した。蔵品目録である『雲州蔵帳』を見ると、目を見張るほどの逸品が列記されている。彼のコレクションは四散し、現在東京都の畠山記念館や地元の美術館に所蔵されている。

●荒神谷遺跡出土品

出雲市の古代出雲歴史博物館で収蔵・展示。弥生時代の考古資料。出雲市斐川町の仏経山北麓の小さな谷間に位置する荒神谷遺跡で、広域農道建設に伴う調査が実施され、1984～85年の発掘調査で銅剣358本、銅矛16本、銅鐸6口が出土した。銅剣はもともと両刃の武器で、形態が細形、中細形、平形へと変遷しつつ、武器から祭器へ機能が変化したと考えられている。多数の銅剣は4列に整然と並べられた状態で発見された。それぞれの長さは約52cm、形態は中細形銅剣c類に属し、弥生時代中期末から後期初頭に鋳造されたと推測されている。銅矛と銅鐸は一緒になって、銅剣から約7m離れた地点から発見された。銅矛も元来は武器で、柄を挿入するために基部が袋状となっている。剣と同様に大型化とともに武器から祭器となった。荒神谷の銅矛は長さ67～84cmで、形態は中細形a類、中広形a類、中広形b類に属し、弥生時代中期から後期の年代とされている。銅鐸は、小さな鈴から次第に大きくなって、鳴らして音を聞くものから仰ぎ見る祭器へと変化した。荒神谷の銅鐸は、高さ22～24cmの小型の古い段階のもので、弥生時代前期から中期とされる。一般に銅剣・銅矛は北部九州、銅鐸は近畿地方を中心に分布し、両者が同じ場所に埋納されるのは珍しい。また予期せぬほど大量に青銅器が出土したことから、発見当時は全国的に注目を集めた。なお荒神谷遺跡の近くで、1996年に出土した39口の加茂岩倉遺跡出土銅鐸も同館内で展示されている。

◎観音菩薩立像

出雲市の鰐淵寺の所蔵。飛鳥時代の彫刻。像高94.6cmの鋳造による銅造観音像である。頭上に単髻を結い、冠帯に三面頭飾を付ける。頬が張り、なで肩のほっそりとした体形で童子のような印象を受ける。右手は肘を曲げて胸の高さで掌を前に向け、左手は垂れ下げて指で小さな水瓶をつまむ。肩から膝まで瓔珞が垂れ、胸飾、臂釧、腕釧を付ける。八角形台座の正面と右側面に銘文が刻まれ、692年に出雲国の若倭部臣徳太理が父母のために菩薩を奉じたと記している。若倭部臣は『出雲国風土記』や青木遺跡出土木簡にも登場し、出雲郡北部の豪族だったと推測されている。鰐淵寺は平安時代末期に

Ⅰ 歴史の文化編

蔵王権現の信仰拠点となった。中世には、インドから流れてきた山をスサノヲが築き固めたという、仏教的国引き神話を出雲大社（杵築大社）と共有しつつ、両者は勢力を共存させた。近世になって出雲大社の祭神がオホクニヌシに回帰して仏教色も排除されると、出雲の中世神話は終息し、出雲大社と鰐淵寺との関係も1667年に断絶した。

◎ **神像**　松江市の八重垣神社の所蔵。室町時代後期の絵画。八重垣神社本殿内の板壁に描かれていた3面の壁画で、現在は取り外されて宝物収蔵庫にある。男女6神像が描かれ、社伝によるとスサノヲと妻のイナダヒメ、アマテラスとイチキシマヒメ、アシナヅチとテナヅチとしている。剥落が著しく、スサノヲは冠を付けた顔にかすかに束帯姿が浮かぶ。その左側に折り本を手にした女房装束姿のイナダヒメが坐す。両神像とも顔だけよく残っている。本殿は大社造で1394年、1542年、1585年に造替され、また絵の描かれた板壁は、年輪年代法により1262年の鎌倉時代の材と判明した。壁画は室町時代後期の作風を示すが、当初の壁画が鎌倉時代に描かれていて、その後の造替で補修された可能性も考えられるという。出雲地方特有の大社造本殿には、しばしば壁画が描かれている。1583年に再建された神魂神社本殿には、江戸時代前期に描かれた壁画がある。豊臣秀頼によって1609年に造替された出雲大社本殿にも豪華な壁画が描かれ、その部分的模写が三月会神事図屏風となって現在に伝わっている。

● **松江城天守**　松江市にある。桃山時代の城郭。関ヶ原の戦いの戦功により、出雲と隠岐の領主となった堀尾氏が築城に着手し、1611年に完成した。明治維新後に御殿や櫓などは払い下げられて取り壊され、天守のみ残った。外観は四重、内部は5階と地下1階からなり、南面する正面に入口となる附櫓を設けた複合式である。入母屋造2階建の下層部に3階建の望楼をのせた構造で、二重目の大屋根に望楼が立つように見える。外壁の大半が黒色の下見板張で、三重と四重、附櫓は下部を下見板張、上部を白色の漆喰塗にして、全体で独特のコントラストを見せている。内部構造に2階分の通し柱を多用して、上層の荷重を下層の柱が直接負荷しないように、荷重を外側にずらしている。また柱に板を張り付けて強化させる包板という技法も特徴的である。中世の山城から近世的城郭への発展がうかがえる。

●出雲大社本殿

出雲市にある。江戸時代中期の神社。出雲神話で有名なオホクニヌシを祀る大型社殿で、1744年に造営された。出雲地方独特の大社造という本殿で、桁行・梁間ともに2間からなる平面方形の切妻造、妻入りで南面する。床は高く、四周に高欄付きの縁をめぐらす。正面東側の柱間に板扉、西側に蔀戸を設け、ほかの三方は板壁である。板扉の前に階段があり、切妻造の屋根がかかる。9本の柱のうち、内部中央に心柱が立ち、心柱から向かって右側の東壁中柱へ間仕切りの板壁をわたし、奥に西向きの内殿を区切る。内殿は正面戸口から見えない。出雲大社は古くは杵築大社と呼ばれ、その高大さで知られていた。平安時代中期から鎌倉時代初期にかけてたびたび倒壊し、その後高大な社殿は造営されなくなり、小規模な仮殿が建てられた。出雲大社境内遺跡の調査で2000年に、直径1.35mの杉材を3本組にした径約3mの柱が発見された。この巨大な柱は1248年に造営された時のもので、かつて壮大な神殿だったことが確認された。戦国時代に神仏習合が進み、尼子経久は、移築されて現在兵庫県名草神社にある三重塔を1527年に建立し、また現在福岡県西光寺所蔵の梵鐘も奉納している。1667年の造替の際に復古に戻されて本殿を高さ8丈（約24m）にし、そのまま1744年の造営にも規模と形式が継承されたのである。

◎旧大社駅本屋

出雲市にある。大正時代の交通施設。出雲大社参詣の玄関口として、1924年に竣工した木造和風駅舎である。山陰線の支線として出雲今市駅から発する大社線が1912年に開通した。1923年に京都から益田まで山陰線が全通すると、出雲大社への参拝客が爆発的に増加して手狭となり、新しい駅舎が建てられたのである。細長い平屋建で西面し、正面中央棟の前に車寄を突出させて、左右対称の両翼が伸びる。桟瓦葺の屋根で、中央棟は1段高い切妻造にして正背面に千鳥破風を付ける。両翼は入母屋造、車寄は妻面を正面に見せた切妻造にする。内部は、中央に広くて天井の高い3等待合室と室内ホーム寄りに出札室があり、向かって右翼端部に1・2等待合室と小荷物取扱室、左翼部に事務室と貴賓室がある。外観は和風であるが、屋根裏の小屋組は三角形に部材を組み合わせた洋風のトラス構造である。1990年に大社線が廃止されるまで66年間にわたって利用され、その後も地元の努力によって保存が進められている。

Ⅰ　歴史の文化編

☞ そのほかの主な国宝／重要文化財一覧

	時 代	種 別	名 称	保管・所有
1	弥 生	考古資料	●加茂岩倉遺跡出土銅鐸	古代出雲歴史博物館
2	古 墳	考古資料	◎出雲玉作遺跡出土品	出雲玉作資料館
3	古 墳	考古資料	◎神原神社古墳出土品	古代出雲歴史博物館
4	平 安	彫 刻	◎木造薬師如来坐像	仏谷寺
5	平 安	彫 刻	◎木造薬師如来両脇士像	万福寺（大寺薬師）
6	平 安	彫 刻	◎木造阿弥陀如来坐像	清水寺
7	平 安	工芸品	◎金銅観音菩薩御正躰	法王寺
8	平 安	工芸品	◎彩絵桧扇	佐太神社
9	鎌 倉	彫 刻	◎木造八幡神坐像	赤穴八幡宮
10	鎌 倉	工芸品	●秋野鹿蒔絵手箱	出雲大社
11	鎌 倉	考古資料	◎出雲大社境内遺跡（旧本殿跡）出土品	古代出雲歴史博物館
12	南北朝	絵 画	◎絹本著色三光国師像	雲樹寺
13	室 町	絵 画	◎板絵著色神馬図（狩野秀頼筆）	賀茂神社
14	桃 山	絵 画	◎絹本著色毛利元就像	鰐淵寺
15	朝鮮／高麗	工芸品	◎銅鐘	天倫寺
16	鎌倉後期〜江戸中期	神 社	◎八幡宮	八幡宮
17	室町前期	寺 院	◎万福寺本堂	万福寺
18	室町中期	寺 院	◎清水寺本堂	清水寺
19	桃 山	神 社	●神魂神社本殿	神魂神社
20	桃 山	神 社	◎染羽天石勝神社本殿	染羽天石勝神社
21	江戸前期	神 社	◎日御碕神社	日御碕神社
22	江戸中期〜明治	民 家	◎木幡家住宅（松江市宍道町）	―
23	江戸後期	神 社	◎水若酢神社本殿	水若酢神社
24	江戸後期	神 社	◎美保神社本殿	美保神社
25	江戸後期	住 宅	◎菅田庵及び向月亭	―

松江城天守

城　郭

地域の特色

　島根県は出雲・石見・隠岐の3か国からなる。鎌倉時代の御家人は、律令時代の国衙官人が土着したものが多く、益田氏はその典型で、3か国の守護となり月山富田城にいた佐々木氏、益田七尾城にいた益田氏らは、著名である。とりわけ、益田氏は益田七尾城在城の後、大迫城に移り、一族を国内に配した。

　南北朝期から室町期にかけては、在地国人領主層が複雑な動きをみせた。出雲では塩冶氏と三刀尾城の三刀尾氏、石見では益田総領家のほか、三隅氏、福屋氏、周布氏らが台頭する。観応の擾乱では青杉ヶ城、丸屋城などで戦乱が起こった。

　明徳の乱以降、出雲は佐々木京極氏が守護となるが、守護代になった尼子持久は月山富田城を本拠に有力国人層になり、尼子経久の代には月山富田城を本拠として在地領主たちを組織して戦国大名に成長した。経久は出雲・隠岐2か国から近隣諸国へ勢力を伸ばした。出雲では、世にいう「尼子十旗」を組織した。十旗とは白鹿城（松田氏）・三沢城（三沢氏）・三刀屋城（三刀屋氏）・赤穴城（赤穴氏）・牛尾城（牛尾氏）・高瀬城（米原氏）・神西城（神西氏）・熊野城（熊野氏）・馬木城（馬来氏）・大西城（大西氏）をいい、この十旗を中心に領国経営が行われた。

　尼子十旗を率いた経久は大内氏に従い力をつけ、経久の孫晴久の代に因幡・伯耆に勢力を広げて主家大内、毛利と抗争を繰り返す。永禄9（1566）年晴久の子義久は、毛利氏に降伏、尼子氏は事実上滅亡。支族の勝久が再興を企てるが失敗した。毛利氏は石見の益田氏以下を家臣団に加えて巨大な毛利氏支配圏をつくりあげる。

　近世に至って毛利氏は周防、長門2か国に削封され、元就の子隆元は毛利総領家、元春は吉川家、隆景は小早川家を継いで毛利より分家した。慶応2（1866）年、敬親は山口へ移り、明治を迎えた。

Ⅰ　歴史の文化編　　23

主な城

白鹿城 （しらがじょう）　**別名** 白髪城　**所在** 松江市法吉町　**遺構** 土塁、堀、井戸

　白鹿城が築かれた年代は不明だが、比高120mの白鹿山に築かれた城は、富田城主尼子氏の支城中第一といわれた堅城だった。永禄6（1563）年毛利元就は尼子氏を討つべく、まず白鹿城に鉾先を向け、白鹿城を孤立させたが、城主松田誠保は屈しなかった。城内の断水を考えた毛利方は、石見銀山の鉱夫を呼び、麓から城内の井戸に向けて坑道を掘らせた。これを知った城方は、城内からも穴を掘り、両者は地下で戦ったが決着せず、尼子義久は尼子満久らの援軍を送るが失敗、兵糧も尽きる頃、40日の籠城後に落城し、廃城となった。

津和野城 （つわのじょう）　**別名** 三本松城、蕗城　**所在** 鹿足郡津和野町　**遺構** 石垣

　弘安4（1281）年蒙古が来襲、その後の沿海防備として翌5（1282）年、吉見頼行が西石見の地頭として来住。吉見氏が永仁3（1295）年から正中元年までかかって津和野川西岸、標高370mの山に築いたのが津和野城である。平素は山下の館に住したのであるが、吉見氏時代には後の坂崎氏、亀井氏時代の城下とは逆で、今の津和野の町が搦手にあたる。

　吉見氏はここに11代居城し、戦国期には大内氏や毛利氏に属したが、11代広長の慶長5（1600）年関ヶ原の戦いには毛利輝元に従って大坂を守った。東軍勝利の後、毛利氏は6か国を削られた。石見もその中に含まれ、吉見氏も所領は没収、家臣は四散した。毛利氏の萩移住と行動をともにし長州阿武、厚東の2郡にて1万1千石を与えられ、津和野城を去った。吉見氏時代は三本松城と呼ばれていたが、その構造の詳細は不明である。

　現在に見る津和野が築かれたのは、関ヶ原の戦いで戦功をあげた坂崎直盛が慶長6（1601）年に3万石で入城してからである。直盛は大手を城の東に替え、本丸にした山上の曲輪を高石垣で築き、二の丸西側には3層の天守をあげるなど大改修を行った。元和3（1617）年には坂崎家が改易されると、亀井政矩が4万3千石余りで入封し、亀井氏が明治まで続いた。

　貞享3（1686）年に落雷で焼失した天守は再建されず、老朽化した山城域の諸建築は簡素なものへと変えられていくなど、城の中枢は、北東麓の居

館域へと移行していった。

月山富田城(がっさんとだ) 別名 富田城、月山城　所在 安来市広瀬町　遺構 石塁、空堀、井戸

　富田川を眼下にする月山は「願わくば、われを七難八苦に遭わせ給え……」と山中鹿之助を立願させたが、月山の名は加豆比山(かずい)、勝日山ともいい、城は富田城ともいう。文治元（1185）年12月近江源氏・佐々木定綱の弟義清が出雲守護職として当城に入る。その後、山名氏が城主となり、室町中期、山名満幸が出雲、隠岐、丹後の3領主となり、塩冶師高(えんや)に当城を預け、出雲国守護目代としたが、城を追われた。

　戦国の世となり、京極高詮の甥尼子持久が出雲守護代に任ぜられ、富田城に入城する。持久の子清定の代になり、清定は出雲、隠岐2か国の租税を怠り、富田城を追われた。文明18（1486）年清定の子経久は、重臣山中勝重と図り、富田城を急襲、出雲一国を平定。さらに近隣を討って、11か国の太守となる。その後、晴久が跡目を継ぎ、天文10（1541）年11月経久84歳で逝去すると、毛利軍の襲撃に遭った。毛利元就以下の連国軍は、尼子氏の家督をめぐる争いを利用、永禄3（1560）年義久の代に富田城を総攻撃、山中鹿之助らの奮戦及ばず、永禄9（1566）年落城した。元就は天野氏、吉川元春を城代に置いたが、堀尾忠晴が慶長11（1606）年新たに出雲に入部、松江城を築き本拠としたことから富田城が廃城となった。

浜田城(はまだ)　別名 亀山城　所在 浜田市殿町　遺構 石垣

　元和5（1619）年伊勢坂城主古田重治は5万4千石に封じられて入部、浜田城を築いた。古く石見郷原井村とか浅井村と呼ばれた所で、築城により浜田の名が公になる。城や城下町が一応整うと、重治は兄の長子重恒に譲って隠居するが、重恒に嗣子なく、寵臣山田成高による古田騒動もあって断絶した。

　慶安2（1649）年松平康映が入り5代111年間にわたり在城した。4代康豊のときには、康豊自身が入嗣の際の混乱に加えて、春定用捨問題(はるさだめようしゃ)と鏡山事件などの問題が頻発した。宝暦9（1759）年、5代康福は下総国古賀城へ転封となり、入れ替わりに本多忠敞が入封するが、10年後の明和6（1769）年、ふたたび浜田藩主として入封した。さらに7代康任は老中首座を勤めていたが、天保5（1834）年の仙石騒動に関与して老中辞任に追い込まれた。

Ⅰ　歴史の文化編　25

さらに密貿易を行っていたとされる竹島事件もあり、翌年康任は隠居。家督を継いだ8代康爵も天保8(1836)年陸奥国棚倉へと転封となった。康任をめぐる出来事の背景には、水野忠邦との対立が影響していたという。替わって松平(越智)斉厚が城主となったが、慶応2(1866)年4代武聡のときに起こった第二次長州征討では幕府方の最前線となり、大村益次郎が率いる長州勢と戦って敗れ、城に火を放って、飛び地領である美作国鶴田に退きそのまま明治を迎えた。

益田城(ますだ) 別名 七尾城 所在 益田市七尾町 遺構 城門(移建)、土塁

　益田氏は石見国の武士団の中でも最大の勢力で、石見押領使であった4代御神本兼高が、建久3(1192)年に益田に移り、益田氏を領したことに始まる。益田氏は益田城の対岸に居館を築き、平時の住居および政務の場としていた。三宅御土居と呼ばれる館跡は、益田城とともに「益田氏城館跡」として平成16(2004)年に国史跡に指定され公園化されている。

　南北朝時代の延元元(1336)年、南朝方により大手口が攻撃された記録が益田城での戦いを物語る記録としては最も古い。

　石見国守護であった大内氏と関係が深く、その重臣陶氏とも姻戚関係にあったことから、19代藤兼は大寧寺の変で大内義隆が陶隆房(のちの晴賢)に討たれると晴賢に味方し、厳島の戦いで晴賢が毛利元就に敗れると、毛利氏の来襲に備えた姿が現在の益田城と考えられている。元就と和睦した藤兼は益田城を出て、三宅御土居に本拠を戻した。20代元祥の時、関ヶ原の戦い後の論功恩賞で長門・周防2ヶ国に減封された毛利輝元に従い長門国須左に移ったことから、益田城は廃城となった。

松江城(まつえ) 別名 千鳥城 所在 松江市殿町 遺構 現存天守(国宝)、石垣、堀、復元櫓2基

　松江城の前身は末次城である。末次の土居と称せられ、亀田の丘陵と宍道湖とを巧みに利用したものである。

　慶長5(1600)年関ヶ原の戦功により、出雲、隠岐24万石の大守として富田城に入った堀尾忠氏は末次の古城址=亀田山に築城することになった。縄張は忠氏の家臣で、『太閤記』の著者、小瀬甫庵(おぜほあん)とする説もあるが、忠氏の父吉晴自身「堀尾普請」といわれるなど土木工事の巧者だった。また、城地については忠氏が亀田山を選び、吉晴はそれに従ったともいわれる。

同9(1604)年、忠氏は早世し、その子忠晴が家督を継ぐが、幼少のため吉晴自身、指揮にあたった。

慶長12(1607)年に着工、同16(1611)年の冬にはほぼ完成した。城の完成を見届けたように、同年6月吉晴は没している。

堀尾氏は寛永10(1633)年に忠晴が病死するが、後継がなく改易となった。若狭小浜城から京極忠高が出雲・隠岐両国で24万石で入封するが、寛永14(1637)年、忠高が無嗣のまま没した。翌年に信濃国松本から松平(越前)直政が出雲18万6千石で入封、明治維新まで続いた。

城は本丸、それを囲んで東に中郭・外郭・南に二の丸・西に後郭・外郭、北に北出丸、さらに二の丸から一段低い南方に三の丸を配してあった。西と北面の外郭は石垣を築かず、ただ堀と切岸、それに雑木林におおわれただけであった。城の東と南、内堀を隔てた区域を内山下といい、今の殿町付近は厩、各役所、諸家老の屋敷が多く、母衣町・田町・内中原町は中老階級以下の武家屋敷で、その間を外堀が流れ、城の外郭を形成していた。さらにその外縁部ともいうべき京町・茶町・芋町・末次町・材木町・猟師町、大橋川を南に渡った宍道湖東岸の天神町が町屋である。城の整備とともに、宍道湖岸の干拓も進められ、城下町も拡張建設されていった。

昭和35(1960)年には本丸一ノ門と南多聞の一部、平成6(1994)年には三の丸と二の丸を結ぶ廊下門(千鳥橋)と二の丸下段の北惣門橋が復元された。さらに平成12(2000)年には二の丸南櫓と土塀の一部、翌年には二の丸中櫓と太鼓櫓および土塀が相次いで復元され、二の丸の景観が整えられた。

現存の天守は、慶長16(1611)年の祈祷札の再発見により、創建当初の建物であり、四層五階、二層入母屋上に二層櫓という望楼をのせ、外壁が下見板張りという桃山期の城郭建築史上、貴重な遺構であることから、平成27(2015)年天守としては、国内5件目の国宝に指定された。

真山城(しんやま) 別名 新山城 所在 松江市法吉町 遺構 石垣の一部、土塁、空堀

真山城は、築城時期は不明であるが、歴史の表舞台に登場するのは毛利氏が出雲に進出するようになってからである。永禄6(1563)年、毛利元就による白鹿城攻めの際、吉川元春が真山を陣城とした。白鹿落城後、元就は白鹿城を廃城として、替わって真山城を整備し、多賀元信を入れ守備に

当たらせた。永禄12（1569）年、山中鹿之助を中心とする尼子氏再興の士は新宮党と結んで、多賀元信が守る真山城を攻め、これを落として勝久を入城させる。この折、奈佐日本之介や隠岐為清らも加勢したという。末次城を本拠に鹿之助は月山富田城奪回戦に出るが、毛利元就は布部山に本陣を置いて、鹿之助軍と対決、尼子軍は惨敗、勝久は真山城を出て隠岐に逃れる。勝久なき後、毛利の将井上源右衛門が、城を大改修、以後、毛利の支城となるが毛利氏の出雲平定の進行とともにその価値を失い、天正11（1583）年を最後に、史料上姿を消すことから、この頃廃城となったとみられる。

三刀屋城（みとや）
別名 天神丸城、尾崎城　**所在** 雲南市三刀屋町　**遺構** 石垣、堀、土塁

清和源氏の流れを引く諏訪部扶長は、承久の乱（1221）の軍功により、三刀屋郷の地頭となり、築城した。以後、代々居城して三刀屋氏を称した。

現在三刀屋城はこの三刀屋尾崎城とその北方にある三刀屋じゃ山城と一体で島根県史跡に指定されている。もともとは、じゃ山城が中心で、尾崎城は支城であった。

三刀屋氏は山名氏、京極氏や尼子氏といった当時の出雲の有力大名に属して家名の存続を図ってきたが、永禄5（1562）年には近隣の領主と共に出雲に侵攻してきた毛利氏に服属した。

毛利方となった三刀屋久祐は尼子氏と善戦し、地王峠の一戦では尼子氏の有力部将立原久綱を破って尼子滅亡の端緒をつくったとさえいわれている。天正16（1588）年、毛利輝元の誤解から三刀屋氏の所領は没収、久扶は追放された。関ヶ原の戦い後、堀尾忠氏が出雲に入封した際、この三刀屋城の改修を図り、現在に残る石垣を築いた。当初の居城あるいは出雲国西部を押える支城にしようとしたと考えられているが、一国一城令の下、廃城となった。

山吹城（やまぶき）
別名 要害山城　**所在** 大田市大森町　**遺構** 石垣、城門（移建）、土塁、堀

延慶3（1310）年、石見守護大内弘幸が夢で大森に銀が埋蔵されるのを知り、これを発見したのが大森銀山（石見銀山）の由来である。博多の商人神谷寿禎が銀山経営に関わった。大永から享禄にかけて（1521〜28）銀の産出は増し、大内義隆は銀山守備として矢滝城を築いた。しかし、銀に対する城兵の野盗化は激しく、これに乗じた小笠原長隆は矢滝城を攻略する。

天文2（1533）年義隆は銀山を奪回、山吹山に築城して銀山の守備とし、吉田若狭守、飯田石見守を守将とした。大森銀山は大内氏にとって重要な財源であった。その頃、新しい精錬法が伝わり大森銀山の銀の純度は技術的には当時の日本では最高水準であった。
　その後、尼子氏、毛利氏の間に争奪戦が繰り返され、天正12（1584）年毛利輝元が豊臣秀吉に服属すると、秀吉の支配も受けることとなった。慶長5（1600）年関ヶ原の戦いに勝利した徳川家康はさっそく大森銀山を掌握し、幕府の直轄地とした。江戸初期は最も産出量が多く、大森に代官を置き、天領5万石を支配させた。享保16（1731）年の井戸正朋は薯代官として名高い。

戦国大名

島根県の戦国史

　島根県は出雲・石見・隠岐の三カ国に分かれ、室町時代から戦国初期にかけては、出雲・隠岐両国は守護京極氏が支配していた。しかし、京極氏は幕府の要職につき、近江守護もつとめていたことから、実際には守護代が統治していた。

　出雲には京極氏と同族の尼子氏が守護代として入部。応仁の乱で京極氏の支配が弱まると次第にその勢力を強め、16世紀初頭経久の頃には戦国大名に発展した。そして、宍道湖や中海の制海権を握り、さらに出雲鉄を掌握して強力な基盤を築き、大内氏の滅亡後晴久は山陰・山陽合わせて8カ国の守護を兼ねる山陰屈指の大大名に成長している。その後は毛利氏と激しく争い、一族の新宮党との内訌もあって衰退、永禄9年（1566）義久のときに毛利氏に敗れて落城、本家は滅亡した。

　一方、隠岐も同族の隠岐氏が守護代として入部、支配構造を確立していた。出雲から隠岐にも勢力を広げてきた尼子氏は、離島という特殊性もあって隠岐氏を討たず、小守護代として家臣団に取り込んでいる。

　石見国は山名氏が守護をつとめていたものの、実質的には大内氏の支配下にあり、そのもとで国衆層の盟主である益田氏が統治していた。しかし、16世紀に入って石見銀山が開発されると、石見東部には尼子氏が進出、大内氏との間で一進一退が繰り返された。そして天文20年（1551）に大内氏が滅ぶと尼子氏の勢いがまさり、結局石見東部は尼子氏が制し、西部は毛利氏の傘下に降った益田氏が支配した。そして、永禄5年（1562）には毛利元就が出雲に侵攻、国衆層が次々と毛利方に転じたため、同9年に月山富田城が落城、尼子氏は一旦滅亡。その後、同12年に山中幸盛らによって尼子氏が再興されたが、元亀2年（1571）には討たれ、出雲・石見は毛利氏のもとで吉川元春が支配した。

主な戦国大名・国衆

赤穴氏（あかな）　出雲国飯石郡の国衆。もとは紀姓で、同郡赤穴荘（飯石郡飯南町赤名）を経営し、赤穴八幡宮の神職も兼ねた。鎌倉幕府滅亡後に三善氏の一族の佐波実連が紀姓赤穴氏から赤穴荘の地頭職を譲られ、弘行のときに赤穴氏を称した。室町時代には出雲守護京極氏に従っていたが、やがて自立し国人化した。戦国時代、久清は瀬戸山城に拠り尼子氏に属した。長男光清は天文11年（1542）大内義隆に敗れて戦死。永禄5年（1562）光清の三男の久清（盛清）が毛利氏に従い、慶長4年（1599）中川氏と改称した。江戸時代は長州藩士となる。

尼子氏（あまご）　山陰の戦国大名。宇多源氏京極氏の庶流。京極高秀の子高久が近江国犬上郡尼子郷（滋賀県犬上郡甲良町尼子）を与えられて尼子氏を称したのが祖。その長男詮久は尼子郷を相伝し、二男の持久が出雲に下向して出雲尼子氏となった。応仁の乱では守護京極持清が東軍に属して転戦したことから、清定が出雲を守って活躍。以後月山富田城（安来市広瀬町）に拠って山陰に大きな勢力を振るった。清定の子経久は主家京極氏から追放されたが、文明18年（1486）に守護代塩冶氏を討って月山富田城を奪回、大永年間（1521～28）には出雲・隠岐・伯耆西部・石見東部を支配していた。経久の跡を継いだ晴久（詮久）は南下して安芸に侵攻、天文21年（1552）には山陰・山陽合わせて8カ国の守護を兼ねた。その後、同24年に一族の新宮党を討ったため再び衰退、永禄9年（1566）義久のときに毛利氏によって落城、本家は滅亡した。その後、重臣の山中幸盛（鹿介）や立原久綱らが新宮党の遺児勝久を擁立して再起、同12年には海上から出雲に入って新山城に拠ったものの、元亀2年（1571）毛利氏に敗れて京に逃れた。さらに天正6年（1578）には播磨上月城で再起を図ったが、毛利氏の大軍に囲まれて勝久が切腹、滅亡した。

出羽氏（いづは）　石見国邑智郡の国衆。名字の地は同郡出羽郷（邑智郡邑南町出羽）で、伴姓。石見国在庁官人の末裔という。南北朝時代は二ツ山城（同町鱒淵）を築いて北朝に属したが、正平16年（1361）南朝方の高橋氏に敗

I　歴史の文化編　31

れてその配下となっている。その後、大内氏の調停で高橋氏から独立、室町時代は幕府の奉公衆もつとめた。応仁の乱では高橋氏が尼子氏と結んだのに対して、出羽氏は毛利氏と結び、享禄3年(1530)に高橋氏が毛利氏によって滅ぼされると、出羽郷一帯を支配した。その後、毛利元就の六男元倶が養子となって継ぎ、江戸時代は長州藩士となる。

塩冶氏(えんや)

出雲国神門郡の国衆。宇多源氏佐々木氏。佐々木秀義の五男義清が出雲・隠岐の守護となったのが遠祖で、義清の孫の頼泰が出雲国神門郡塩冶郷(出雲市)を本拠として塩冶左衛門尉を称したのが祖。南北朝時代、高貞は出雲・隠岐の守護となるが高師直(こうのもろなお)と争って自害した。以後没落、高貞の弟の時綱の子孫からは室町幕府の近習衆も出たが、やがて国人化し、京極氏や山名氏の被官となった。戦国時代、尼子経久の三男興久が塩冶氏を継いだが、経久に叛いて自刃し、滅亡した。

小笠原氏(おがさわら)

石見国邑智郡の国衆。鎌倉時代から邑智郡での活動がみられ、温湯城(邑智郡川本町)に拠った。永禄2年(1559)石見に侵攻してきた毛利氏に抗して温湯城に籠城したが、尼子氏の支援が得られず落城。以後は毛利氏に従い、江戸時代は長州藩士となった。

隠岐氏(おき)

隠岐国の国衆。宇多源氏。安貞元年(1227)佐々木秀義の子義清が隠岐守護となったのが祖。代々隠岐の領主で守護代をつとめたが、戦国時代の隠岐氏は京極氏の庶流で、同族ではあるが別流であるという。永禄12年(1569)為清は尼子氏再興を図った尼子勝久・山中幸盛を支援した。のち為清と弟の清家が対立、敗れた為清は自刃した。その後、為清の子経清が清家を殺して豊臣秀吉に通じたが、吉川元春に敗れて自刃した。江戸時代は岩国藩士となった。

久利氏(くり)

石見国邇摩郡の国衆。清原姓。康平6年(1063)に清原頼行が久利郷(大田市)の郷司職となったのが祖。鎌倉時代には御家人となり、久利行房が久利・仁満・佐摩・雨河内の4カ所の地頭職を得ている。戦国時代は市城(大田市久利町)に拠って大内氏に従い、久利淡路守・長房父子の名が知られる。大内義隆が陶晴賢(すえはるかた)に討たれると、久利六郎は毛利元就に

従い吉川元春に属した。江戸時代は岩国藩士となる。

佐波氏（さわ）　石見国邑智郡の国衆。三善姓。同郡佐波（邑智郡美郷町）に下向して青杉城（矢飼城、美郷町高山）を築城して拠ったという。元弘3年（1333）後醍醐天皇が船上山に挙兵した際に、佐波顕連が従っている。戦国時代になると、飯石郡懸合（雲南市掛合町）にも進出、また同郡赤穴荘（飯石郡飯南町）を領した一族は赤穴氏を称した。戦国時代には早くから毛利氏に従い、その家臣となった。

神西氏（じんざい）　出雲国神門郡の国衆。小野姓。承久の乱後、小野高通が新補地頭として出雲国神門郡神西荘（出雲市）に入部し、神西氏を称したのが祖。戦国時代には神西城に拠り、尼子氏のもとで神門郡奉行をつとめた。しかし、戦国時代末期にこの地が毛利氏の勢力下に入ると、神西氏も駆逐されている。永禄12年（1569）尼子勝久が尼子氏再興のために挙兵すると、元通はこれに応じたものの敗れ、元通は自害して滅亡した。

宍道氏（しんじ）　出雲国意宇郡の国衆。宇多源氏京極氏の一族で、室町時代に京極氏とともに出雲国に入部し、同国意宇郡宍道（松江市宍道町宍道）に住んだのが祖。文明17年（1485）には宍道兵部少輔秀藤が将軍家に太刀を進上するなど、直接将軍家とのつながりを持つ有力国人であった。戦国時代に尼子氏が大内氏を追って出雲の戦国大名となると、惣領家は大内氏に従って出雲を去り、庶子家は尼子氏に仕えて出雲に留まった。永禄5年（1562）に毛利元就が出雲に侵攻すると、惣領家が再び宍道郷を回復、天正末年頃まで支配した。江戸時代は長州藩士となった。

周布氏（すふ）　石見益田氏の庶流。益田兼季の子兼定が石見国那賀郡周布郷（浜田市周布町）の地頭職を得て周布氏を称したのが祖。鳶巣城（周布城、浜田市周布町）に拠った。室町時代は大内氏に従い、朝鮮との交易も行っている。戦国時代は大内氏に属し、大内氏の滅亡後は毛利氏に従った。

多賀氏（たが）　出雲国の国衆。近江多賀氏の一族。室町時代に京極氏が出雲守護となったのに従って楯縫郡平田保（出雲市）・出東郡宇賀郷に地頭として

Ⅰ　歴史の文化編　33

入部。以後、平田を中心として勢力を拡大した。戦国時代、尼子氏が出雲に進出して京極氏を追放すると多賀氏も追われた。永禄6年（1563）毛利元就が尼子氏方の白鹿城を落とすと、多賀氏は島根郡東長田・西長田を毛利氏から与えられ、羽倉山城（松江市朝酌町）に拠った。また、飯石郡須佐郷（雲南市掛合町）に広がった一族は尼子氏に仕えている。

高橋氏（たかはし）　石見国の国衆。紀姓といわれていたが、大宅姓で駿河高橋氏の一族か。南北朝時代、師光は高師泰に従って邑智郡阿須那を与えられ、藤掛城（藤根城、邑智郡邑南町阿須奈）を築城したという。高氏が失脚すると南朝方に転じ、延文6年（1361）には出羽氏を降した。戦国時代初期には安芸や備後にも進出した。享禄3年（1530）毛利氏に敗れて落城、滅亡した。

馬来氏（まぎ）　出雲国仁多郡の国衆。「馬木」とも書く。清和源氏山名氏の一族で、摂津国馬来村発祥と伝えるが不詳。南北朝時代頃に出雲国仁多郡に転じ、夕景城（仁田郡奥出雲町大馬木）に拠って尼子氏に仕えた。永禄3年（1560）久綱のとき毛利氏に敗れて落城。同12年の尼子勝久の再興戦にも呼応したが、のち毛利氏方に転じた。天正17年（1589）馬来元貞は毛利氏に仕えて安芸広島に移り、江戸時代は長州藩士となった。

益田氏（ますだ）　石見の戦国大名。藤原北家というが不詳。永久年間（1113〜18）に国兼が石見国司として下向、御神本（浜田市）に土着して、御神本氏を称したのが祖という。源平合戦では兼高（兼恒）は源氏方に属し、元暦元年（1184）石見国押領使に任ぜられて美濃郡益田荘（益田市）に移って益田氏を称した。建久4年（1193）には七尾城を築城し、以後益田荘を中心として、石見に大きな勢力を持ち、三隅氏、福屋氏、周布氏、丸毛氏など多くの庶子家を出した。室町時代は守護大内氏に従い、応仁の乱でも貞兼は大内氏に従って西軍に属して上洛、摂津に転戦している。また、大内文化を益田に移入、雪舟をはじめ多くの文人が益田を訪れた。天文20年（1551）、陶晴賢が主君大内義隆を討つと、陶氏と縁戚関係にあった益田氏は陶氏に与した。しかし、弘治元年（1555）陶晴賢が厳島で毛利元就に敗れて自刃、同3年には陶氏に擁立されていた大内義長も毛利元就に敗れて自刃したため、藤兼は姻戚関係にある吉川元春の斡旋で毛利元就に仕えた。江戸時代

は長州藩家老となる。

三沢氏(みさわ)
出雲国仁多郡の国衆。清和源氏片桐氏の庶流。片桐為綱の子為満が飯島氏を称し、承久の乱後、新補地頭として仁多郡三沢郷(仁多郡奥出雲町)に入り、為長のときに三沢氏と改称した。たたら製鉄によって力を持ち、尼子氏の台頭でその配下となった。天文9年(1540)尼子晴久が毛利氏を攻めた際に為幸が討死。永禄元年(1558)に毛利元就が出雲に侵攻した際に、為清は毛利氏に降った。

三刀屋氏(みとや)
出雲国飯石郡の国衆。承久の乱の後、同郡三刀屋郷(雲南市三刀屋町)の新補地頭として入部した諏訪部扶永が祖で、のち三刀屋城に拠った。元弘の変では、助重は後醍醐天皇方に与し、因幡国玉出保(鳥取市)地頭職を与えられた。室町時代頃から三刀屋氏を称し、やがて出雲の有力国人へと発展した。戦国時代は尼子氏に仕えていたが、永禄年間(1558～70)頃に久扶が毛利氏に転じた。しかし、天正16年(1588)に毛利元就が上京した際に同行した久扶が徳川家康と面会したことから、同18年追放された。子孫は紀伊藩士となった。

吉見氏(よしみ)
石見国の国衆。能登吉見氏の庶流。弘安5年(1282)頼行が石見国吉賀郷の地頭職を得て能登から移り住み、津和野に土着して石見吉見氏となったという。以後代々津和野(三本松)城に拠り、周辺の在地領主を被官化して西石見を代表する国人に成長した。のち守護代陶氏と対立、天文20年(1551)に陶晴賢が大内義隆を殺すと、正頼は津和野城に拠って陶晴賢と戦い、やがて毛利元就が陶晴賢を討つと、毛利氏に仕えて重臣となった。関ヶ原合戦後は吉川広家の三男就頼が継いで一門に列し、以後は大野毛利氏を称した。

米原氏(よねはら)
出雲国出雲郡の国衆。宇多源氏六角氏の庶流で、近江国坂田郡米原郷(滋賀県米原市)の出という。のち尼子氏の被官となって出雲に入り高瀬城(出雲市斐川町)に拠った。永禄5年(1562)には毛利方に降伏したが、同12年尼子方に復帰。元亀2年(1571)毛利氏に敗れて落城し、米原綱寛は新山城へ逃れた。江戸時代は津和野藩士となった。

I　歴史の文化編

名門／名家

◎中世の名族

尼子氏(あまこ)

山陰の戦国大名。宇多源氏京極氏の庶流。京極高秀の子高久が近江国犬上郡尼子郷（滋賀県犬上郡甲良町尼子）を与えられて尼子氏を称したのが祖。その長男詮久は尼子郷を相伝し、二男の持久が出雲に下向して出雲尼子氏となった。近江尼子氏のその後の活動は分からず、出雲尼子氏は京極氏の下で出雲守護代だったとされる。

応仁の乱では守護京極持清が東軍に属して転戦したことから、清定が出雲を守って活躍。以後月山富田城（安来市広瀬町）に拠って山陰に大きな勢力を振るった。経久は主家京極氏から追放されたが、1486（文明18）年に守護代塩冶氏を討って月山富田城を奪回、大永年間（1521～1528）には出雲・隠岐・伯耆西部・石見東部を支配していた。

経久の跡を継いだ晴久（詮久）は南下して安芸に侵攻、1541（天文10）年郡山城に毛利元就を攻めたが敗北した。51（同20）年大内義隆の滅亡後再び勢力を回復し、翌年晴久は山陰・山陽合わせて八カ国の守護を兼ねた。その後、55（同24）年に一族の新宮党を討ったため再び衰退、66（永禄9）年義久の時に毛利氏によって落城、本家は滅亡した。

その後、重臣の山中鹿介や立原久綱らが新宮党の遺児勝久を擁立して再起、69（永禄12）年には海上から出雲に入って新山城に拠ったものの、71（元亀2）年毛利氏に敗れて京に逃れた。さらに78（天正6）年には播磨上月城で再起を図ったが、毛利氏の大軍に囲まれて勝久・氏久が切腹、山中鹿介も阿井の渡しで斬られて、尼子氏は滅亡した。

末裔は佐々木氏と改称して、長州藩士となった。

◎近世以降の名家

有沢家
松江藩家老。信濃国の出で、初代織部が松平直政に仕えて家老となり、以後代々家老をつとめた。7代藩主松平不昧（治郷）の家老をつとめた弌通は不昧と茶道に関するやりとりをしており、その子弌善は不昧から不昧流を伝授された。松江市にある同家の山荘には6代弌善の時に不昧の指示によって茶室菅田庵が建てられ、国指定重要文化財になっている。以後代々不昧流を伝え、幕末の当主で、9代目を継いだ宗滴は不昧流の茶人として著名である。現在の当主は不昧流宗家の一男。

絲原家
出雲国仁多郡三沢村（奥出雲町）の名家。鈩製鉄で資産を築き、7代吉三郎は松江藩窮乏の際に数度にわたり上納金を納めている。幕末の10代目徳右衛門の時には能義郡など他郡の田畑山林までを買い入れ、広大な地主となった。11代目権造の時に藩主の要請で「糸原」から「絲原」に改名した。13代目武太郎は1922（大正11）年に鉄山師を廃業、以後は金融界に転じて山陰合同銀行頭取を長く務めた。

忌部家
隠岐国一宮である、隠岐の島町郡の水若酢神社神官。元は大伴姓で代家と称して大宮司職を世襲した。戦国時代、大宮司をつとめる忌部家と、大庄屋家をつとめる代家に分裂、さらに大宮司家は守護代隠岐氏と争って敗れ、一族の代神六が忌部氏を名乗って大宮司となり、以後この子孫が世襲した。

億岐家
隠岐の名家。代々隠岐国造を継ぎ、玉若酢神社（隠岐の島町下西）の神官をつとめた。江戸中期の国学者億岐幸生や、幕末に隠岐郡代を追放して自治を敷いた億岐有尚らが著名。1801（享和元）年に建てられた同家住宅は国指定重要文化財である。

乙部家
松江藩家老。伊勢乙部氏一族の勝政は小早川秀秋を経て、1603（慶長8）年松平秀康に仕える。子九郎兵衛可正は19（元和5）年松平直政に仕え、29（同15）年の松江転封に伴って松江藩家老となり、以後代々家老

I　歴史の文化編

として5000石を領した。

小野(おの)家
出雲大社の西にある日御碕神社神職。日御碕神社は上下二社に分かれ、上社は素戔嗚命(すさのおのみこと)、下社は天照大神を祀っている。寛永年間には3代将軍徳川家光の命で社殿が建造されている。江戸時代の社領は600石。1871(明治4)年に国幣小社に列した。神職は日置姓で、天葺根命の末裔といい、後小野氏を称した。84(明治17)年尊光の時に男爵となった。

勝部(かつべ)家
出雲国出雲郡坂田村(出雲市斐川町)の豪農。1615(元和元)年に60石の分知を受けて中原村から分家し、当時湖畔であった坂田村を開墾した。代々本右衛門を称した。1875(明治8)年松江城の天守閣が払い下げられた際、7代目本右衛門栄忠は180円で落札して献納し、解体を防いでいる。8代目右衛門景浜は苅畑(大東町)・鵜峠(うど)(大社町)・内馬(東出雲町)の銅山を開発したが、経営に失敗して家産が衰退した。

金子(かねこ)家
物部神社宮司。石見国一宮。祭神は物部氏の祖である饒速日命の子宇摩志麻遅命で、代々末裔の物部氏が宮司をつとめた。中世に金子氏に改称したという。1718(享保3)年社殿が炎上、神宝・古記録などが焼失したが、46(延享3)年に寺社奉行だった大岡忠相が幕命で寄付を募り、52(宝暦2)年に再建している。

江戸時代の神領は300石。1871(明治4)年に国幣小社となり、84(同17)年有卿の時男爵となる。有卿とその子有道は貴族院議員をつとめ、有道は歌人としても知られる。

亀井(かめい)家
津和野藩主。尼子氏滅亡後、湯茲矩(ゆこれのり)は山中幸盛に従って尼子氏再興を目指し、亀井秀綱の二女と結婚して出雲亀井氏の名跡を継いだ。以後、同氏は宇多源氏を称している。1578(天正6)年の山中幸盛の死後、その部下を率いて豊臣秀吉に仕え、81(同9)年には因幡鹿野(鳥取県鳥取市鹿野町)1万3500石を領した。以後も各地を転戦、また伯耆国日野山で銀山を経営、湖山池を干拓するなど、産業振興にもつとめている。

関ヶ原合戦では東軍に属して4万3000石に加増となり、幕府の朱印状を得て、シャムに交易船を派遣している。1616(元和2)年政矩の時石見津和

野に転じた。茲明は1884（明治17）年子爵、24年伯爵となる。衆院議員亀井久興は茲基の弟である。

木佐家
出雲国楯縫郡国富村（平田市）の旧家。備後国吉舎村（広島県三次市吉舎町）の出と伝える。国富村に移り住んで吉舎氏を名乗り、後喜佐・木佐に改めたという。江戸時代は帰農して豪農となり、美談・西代両村や坂田村・三分市村（斐川町）などの新田開発に当たった。1779（安永8）年に松江藩家老の命で木佐家を継いだ春声は俳人として知られている。

明治維新後、徳三郎は平田銀行を創立、衆議院議員にも選ばれた。また初代平田市長は木佐徳之助である。

北島家
出雲大社国造家。出雲国造家は南北朝時代に北島家と千家家に分裂、以後、千家氏と交代で国造職を世襲した。また神魂神社の神主も兼ねる。明治になって神社制度が改革されて宮司は一人となったため、全孝は出雲大社大宮司職を失ったが、新たに宗教法人出雲教を組織して教主となった。1884（明治17）年脩孝の時に男爵となる。斉孝、貴孝は貴族院議員をつとめた。

木幡家
出雲国意宇郡宍道村（松江市宍道町）で梅屋と号した豪商。戦国末期に山城国南部から出雲国宍道に転じたのが祖。酒造業を営む傍ら本陣もつとめ、八雲本陣と呼ばれた。当主は代々久右衛門を称し、幕末の11代久右衛門質良は、女婿の12代久右衛門忠良と共に雅楽関係資料の蒐集家として知られる。13代久右衛門孝良は私費で松江に図書館を建設するなど、地方文化の向上に尽くした。

14代目右衛門は宍道町長、島根県議を歴任。戦後は島根新聞社長をつとめる一方、吹月と号して尺八の普及活動や随筆家としても活躍した。

桜井家
出雲国仁多郡上阿井村（奥出雲町上阿井）で可部屋と号した鉄師。戦国武将塙団右衛門の子孫で、母方の名字を取って桜井氏を称したのが祖。福島正則に仕えていたが、1619（元和5）年に福島家が改易され、安芸国可部（広島市安佐北区）で帰農し鉱山業を営んでいた。

44（正保元）年に出雲国上阿井に移り住み、やがて松江藩に認められて

I　歴史の文化編

鉄師頭取となった。明治中期頃に全盛を迎えたが、1923（大正12）年に廃業している。同家住宅は国指定重要文化財で、茶室や庭園も公開されている。

千家家（せんげ）

出雲大社神官。出雲国出雲郡千家（出雲市斐川町）発祥。出雲大社神職の出雲氏の子孫。1343（康永2）年国造家は北島家と千家家に分裂し、以後北島家と共に代々出雲大社の神官をつとめた。1884（明治17）年尊福が男爵となった。

尊福（たかとみ）は元老院議官、貴族院議員、司法大臣を歴任した他、一族からは、国学者・千家俊信、詩人・千家元麿などを輩出した。現在の当主・尊祐は第84代国造である。

田部家（たなべ）

飯石郡吉田村の山林地主。鈩製鉄を行い、代々長右衛門を襲名。21代目長右衛門は1923（大正12）年に製鉄業を廃業、以後は地方政界や経済界で活躍した。22代目長右衛門は貴族院議員をつとめ、23代目長右衛門は42（昭和17）年に島根新聞社（山陰中央新報社）を設立、同年衆議院議員を経て、59（同34）年から島根県知事を3期つとめた。

堀家（ほり）

石見国鹿足郡石ヶ谷村（津和野町）の笹ヶ谷鉱山の採掘を行った鉱山師。鎌倉時代に吉見頼行が能登から石見に入部した際に従っていた堀新左衛門の末裔と伝える。吉見氏の下で銅山経営を始め、江戸時代には、石見銀山奉行の下で幕府直轄領である笹ヶ谷鉱山採掘権を代々持っていた。江戸時代末期には一時衰退したが、明治初期に15代藤十郎が再興、1890（明治23）年には採鉱高1万5607トンに及んだ。津和野町邑輝（むらき）にある同家の庭園は国名勝に指定されている。

松平家（まつだいら）

松江藩主。徳川家康の二男結城秀康の末裔。1619（元和5）年秀康の三男直政が上総姉崎藩1万石を立藩したのが祖。以後、越前大野5万石、信濃松本7万石を経て、38（寛永15）年出雲松江18万6000石に転じた。江戸中期の藩主松平治郷は家老朝日丹波と共に藩政改革を実行した名君である他、不昧と号した茶人で、石州流を興した。1884（明治17）年直亮の時に伯爵となる。分家に、広瀬藩主と母里藩主の松平家がある。

松平家（まつだいら）
出雲広瀬藩主。初代松江藩主直政の二男近栄が1666（寛文6）年に新田3万石を分与され、能義郡広瀬（安来市広瀬町）に陣屋を構えたのが祖。1884（明治17）年直平が子爵となる。

松平家（まつだいら）
出雲母里藩（安来市）藩主。初代松江藩主直政の三男隆政が1666（寛文6）年に新田1万石を分与され、出雲母里を居所としたのが祖。73（延宝元）年隆政が没した際、無嗣であったため本藩に返されたが、直政の四男直丘を養子とすることが認められて再興した。1884（明治17）年直哉が子爵を授けられた。

松平家（まつだいら）
石見浜田藩主。徳川綱重の三男で6代将軍家宣の弟の清武は、越智氏に養われて越智氏を称していたが、1707（宝永4）年に松平氏を許されて上野館林2万4000石に入封したのが祖。武元は老中をつとめ、6万1000石に加増された。1832（天保3）年斉厚の時に石見浜田に転じたが、66（慶応2）年の第2次長州征伐で長州軍に敗れて浜田城を放棄、美作鶴田（岡山県岡山市北区）に転じた。84（明治17）年武修の時に子爵となる。

村上家（むらかみ）
隠岐の豪商。村上水軍の一族といい代々隠岐の公文をつとめていた。1221（承久3）年に後鳥羽上皇が配流された際には村上家が上皇の世話をし、上皇の没後は代々墓守をつとめる。戦国時代には因屋城（海士町）に拠っていた。江戸時代は海運業を営み、豪商として知られた。また、1609（慶長14）年猪熊事件によって配流された飛鳥井雅賢から蹴鞠を伝授された際に「助九郎」の名を賜ったといい、以後代々助九郎を名乗っている。

山本家（やまもと）
出雲国神門郡知井宮本郷（出雲市）の豪農。1716（享保元）年に初代が二男を連れて分家したのが祖で、中和栗屋（中和）と号した。以後、地主として土地を集積、5代目の時には1500石に達した。1821（文政4）年に家督を継いだ6代の時には最高の格式である小算用格に上り、31（天保2）年の検地帳では高1199石である。同家の表門・母屋は1746（延享3）年出雲大社造営の棟梁の指図によって造立されたもので、現在は出雲民芸館となっている。

博物館

島根県立古代出雲歴史博物館
〈古代出雲大社御本殿10分の1再現模型〉

地域の特色

　本州西部の日本海沿岸部にある東西に長い県で、その距離は約230キロメートルある。東西長÷南北長の比率値からも全国で一番細長いとされる。このことは、島根県民の歌「薄紫の山脈」に「磯風清き六十里」と海岸線の距離が表現されている。島根半島の北方40〜80キロメートルの海上には隠岐諸島があり、竹島なども島根県の領域に含まれる。旧国名は出雲国、石見国、隠岐国であり、現在でも出雲地方・石見地方・隠岐地方の三つの地域に区分される。山間部の地形が多いこともあり、鳥取県に次いで人口が2番目に少なく、2014(平成26)年に70万人を割り、人口密度は西日本では高知県に次いで低い。加茂岩倉遺跡、荒神谷遺跡、日本最古級の神社である出雲大社など「神話と古代ロマンに満ちた神々の国」というイメージがあり、また水の都とも呼ばれる松江には国宝「松江城」、世界遺産の「石見銀山」、伝統芸能の「石見神楽」、山陰の小京都「津和野」、ユネスコ世界ジオパーク「隠岐諸島」など、広いエリアに多くの特徴がある。日本古来の鉄づくり「たたら製鉄」が現在も操業されているが大きな工業はない。一方で、豊富な農林水産業に恵まれ、日本海の魚介類、宍道湖のヤマトシジミ、果物、仁多米、出雲そばなど、多様な食文化もある。

主な博物館

出雲科学館　出雲市今市町

　この施設では市内の小中学校の児童・生徒が正規の理科学習を行い、土日祝日は一般を対象とした科学・ものづくりの生涯学習事業を展開している。学校教育との体系的な理科学習と社会教育の機能を併せもつ生涯学習施設で2002(平成14)年に開館した。40点以上の常設展示もあるが、一般的な科学館とは異なり、実験室・実習室、創作工房、展示体験プラザなど

の学習施設が占めている。07（平成19）年には理科学習棟が竣工し、市内の全公立小中学校52校の生徒が科学館で理科授業を受けることが可能となった。サイエンスホール、プラネタリウム、情報ステーションも整備されている。

荒神谷博物館　　出雲市斐川町神庭

　荒神谷遺跡は1983（昭和58）年の遺跡分布調査で古墳時代の須恵器が発見されたことをきっかけとし、翌年には358本の銅剣が出土した。本館はこの遺跡に隣接して2005（平成17）年に開館し、発見され国宝に指定された銅剣、銅鐸、銅矛などが展示され、荒神谷の謎と出雲の原郷を学ぶことができる。大型スクリーンで「荒神谷遺跡発掘ドキュメント」「出雲の原郷」を映像で紹介、弥生時代の暮らしのジオラマ展示や、「荒神谷の謎に迫る」「古代出雲年表」の解説もある。ホールでは企画展が開催され交流学習室もある。周辺は27.5ヘクタールの広大な荒神谷史跡公園として整備され、5千株の古代ハスや椿が咲き、古代農耕地では黒米・赤米の田植え稲刈り体験ができる。

島根県立古代出雲歴史博物館　　出雲市大社町杵築東

　縁結びで知られる出雲大社に隣接して2007（平成19）年に開館した。出雲大社を中心に青銅器、出雲国風土記の三つのテーマから島根の古代文化を紹介している。中央ロビーでは、境内遺跡で出土した鎌倉時代の本殿を支えていた「宇豆柱」が出迎える。特徴的な展示物は、平安時代の「雲太」と呼ばれる高さ48メートルの本殿を再現した10分の1模型や、荒神谷遺跡より出土した銅剣・銅矛・銅鐸と、加茂岩倉遺跡の銅鐸などの数々は圧巻である。また、神話展示室の「出雲神話回廊」においては、スサノヲのヤマタノオロチ退治など出雲を舞台とした神話が記され、「出雲国風土記の世界」では古代の地域の様子が記されるなど、当時の自然や景観の中で育まれた人々の暮らしをさまざまな角度から紹介し、神々の国、神話のふるさと島根が分かる。

出雲弥生の森博物館　　出雲市大津町

　国指定史跡「西谷墳墓群」をはじめとした市内の各遺跡を紹介する「ガイ

Ⅰ　歴史の文化編

ダンス施設」および、市内の埋蔵文化財発掘調査の拠点施設である「埋蔵文化財センター」の二つの機能を併せもった施設として2010（平成22）年に開館した。弥生時代に出雲に巨大な王墓である四隅突出型墳丘墓が現れ、そこで発掘されたガラスの勾玉や腕輪、鮮やかな朱の副葬品が展示されている。また、出雲の王の模型や葬儀の様子を復元した巨大ジオラマもある。

島根県立八雲立つ風土記の丘　　松江市大庭町

　松江市南郊の大庭地区・竹矢地区は古代出雲の中心地で、この東西5キロメートル、南北4キロメートルの範囲を「八雲立つ風土記の丘」と称し、史跡群をフィールド・ミュージアムとして保存・活用している。県最大の山代二子塚古墳をはじめとする縄文時代や弥生時代の主要な古墳が分布し、かつて出雲国庁・出雲国分寺が設置され出雲国造家ゆかりの神社や寺もあった。展示学習館には、重要文化財の「見返りの鹿」埴輪などの埴輪群や銘文入大刀などを展示し、近くには岡田山1号墳もあり古代の島根を探訪できる。この他、『出雲国風土記』由来の植物を約80種育てている風土記植物園、竪穴式住居、掘立柱建物、中世土居の復元施設や、ガイダンス山代の郷では古墳のガイダンス施設として周辺の遺跡・古墳の見学拠点となっている。

島根県立しまね海洋館アクアス　　浜田市久代町

　中四国最大級の水族館で、建物は山陰の神話「因幡の白兎」にも登場するサメをモチーフにしており、それらのサメを展示する神話の海（サメ大水槽）、西日本では唯一のシロイルカは口から丸い輪の泡を吹くパフォーマンスでも知られる。この他、4種のペンギンの展示施設や島根県の県魚でもあるトビウオなど、400種1万点の生物が飼育展示されている。

島根県立宍道湖自然館ゴビウス　　出雲市園町

　2005（平成17）年11月にラムサール条約登録湿地となった宍道湖・中海を中心に県内の川や湖に生息する生物、約180種9千点を飼育展示する体験学習型水族館。宍道湖・中海を再現したジオラマ水槽、大小多様な水槽、映像やクイズで水生生物の生態を学べる体験学習コーナーも設置されてい

る。周辺水域の生物や自然の観察会など、フィールド活動も充実している。

島根県立三瓶自然館サヒメル　大田市三瓶町多根

　国立公園三瓶山の中に立地し、三瓶山を中心に島根県の自然に関する展示、普及啓発、調査研究を行う自然系博物館として1991（平成3）年に設置された。三瓶山の火山活動、岩石標本で大地の成り立ちを解説し、三瓶小豆原埋没林から発掘した約4千年前のスギや化石標本も展示している。また、島根県に生息していたニホンアシカの剝製をはじめ、哺乳類や鳥類の剝製、植物標本などから島根の自然を紹介。天文台、プラネタリウムを備え、大山隠岐国立公園のビジターセンターとしての機能もある。

小泉八雲記念館　松江市奥谷町

　1890（明治23）年に来日した作家小泉八雲（ラフカディオ・ハーン）を紹介する記念館。小泉八雲という多面的な作家の生涯を編年で紹介し、また八雲の事績や思考の特色をいくつかの切り口から描出している。人々を魅了する色あせない作品の魅力と作家の息づかい、自由放埓な八雲の生き方を感じることができる。1934（昭和9）年に開館し2016（平成28）年にリニューアルオープンした。

松江歴史館　松江市殿町

　江戸時代、雲州と呼ばれた出雲国の中心地松江は、松江城天守をはじめ造成当時の掘割や町並みが残る城下町である。この施設では、城や町の仕組み、移り変わり、現在の町に隠された秘密について、資料展示、映像、模型、書割、切り絵などの手法でご紹介している。各種の歴史体験イベント、天守を借景にした日本庭園、伝利休茶室、家老長屋を備えている。

隠岐自然館　隠岐郡隠岐の島町中町目貫

　大山隠岐国立公園での隠岐地域における独自の地形や生態系を、隠岐最大の獣であるオキノウサギ、固有種のオキサンショウウオ、昆虫、陸貝・魚類・野鳥・植物・石などの標本や写真で展示している。併せて隠岐世界ジオパークの魅力を発信している。

Ⅰ　歴史の文化編

森鷗外記念館　鹿足郡津和野町町田

1862（文久2）年、森鷗外は津和野町町田に生まれた。この記念館は独立した鷗外の専門的な記念館としては世界で初めてのもので、国指定史跡森鷗外旧宅の南側に隣接し、鷗外旧宅を展示物の一部として取り込んでいる。映像や写真パネル、鷗外の遺品をはじめ貴重な資料の展示を通して幅広い鷗外像を紹介し、鷗外文学への親しみと理解を一段と深めることができる。

石見銀山資料館（代官所跡）　大田市大森町

江戸時代、石見銀山を中心とする幕府直轄の拠点として大森陣屋が設置されたが、1976（昭和51）年に解体予定であった旧邇摩郡役所を地元有志が資料館として開館した。その後、2007（平成19）年に「石見銀山遺跡とその文化的景観」が世界遺産に登録されるのに合わせてリニューアルした。展示では徳川家康が直轄化した諸政策の歴史、採鉱から製錬に至る銀の生産過程、鉱山の経営や技術、銀山町や大森町に暮らす人々の当時の文化や信仰、採取された銀鉱石、銅鉱石など各地の鉱山の特徴的な鉱物を紹介している。敷地内の代官所跡では門番の詰め所や仮牢などを見ることができる。

奥出雲多根自然博物館　仁多郡奥出雲町佐白

メガネの三城創業者の多根良尾氏の出生地に、2代目の多根裕詞氏の化石コレクションをベースに建設された自然史博物館。「宇宙の進化と生命の歴史」をテーマに、地球の約40億年に及ぶ歴史を物語る化石を多数展示し、大画面で3次元CGの放映や宿泊施設も備え、当該者限定のナイトミュージアムも実施している。奥出雲町は地域に歴史資料館や温泉施設もあり、文化的施設群と共存しながら、「志学の里」として明るい未来の農村づくりを志している。

和鋼博物館　安来市安来町

1993（平成5）年に鉄の道文化圏（安来市・雲南市・奥出雲町）内の各文化館の一つとして開館した、日本で唯一の、たたらの総合博物館。たたら製鉄とその歴史・流通、さまざまな匠の技を紹介している。日本における

人々と鉄の出会いは縄文時代末から弥生時代の初め頃で、大陸からもたらされたとされる。「和鋼」とは、たたら吹きにより製造された日本刀の原料などになる玉鋼のことで、さまざまな用途に世界中で使われており、地域は鉄の生産地として発展した。現在でも安来市は特殊鋼産業が主要産業である。展示は、種々の和鋼の製鉄用具の展示や映像、体験コーナーで構成され、企画展や講演会、イベントを開催している。鉄の道文化圏にはこの他、鉄の未来科学館が雲南市吉田町に、奥出雲たたらと刀剣館が仁多郡奥出雲町にあり、本館はそれらを最も代表する博物館になっている。

名字

〈難読名字クイズ〉
①当木／②鉱／③経種／④一天満谷／⑤五十殿／⑥莉尾／⑦昌子／⑧是津／⑨滑／⑩生和／⑪飯橋／⑫樋ヶ／⑬卜蔵／⑭辺／⑮売豆紀

◆地域の特徴

島根県も田中と山本という西日本を代表する2つの名字が多く、3位に佐々木、4位に藤原と中国地方に多い名字が並んでいる。6位の原は人口比では島根県が全国一高く、県単位でベスト10に入っているのも全国で島根県のみ。8位の山根は中国地方一帯に広がっている名字で、鳥取県と島根県でベスト10入りしている。

ベスト10には比較的メジャーな名字が並んでいるが、11位以下には14位森山、19位勝部、22位野津、23位森脇、36位門脇など、島根県を特徴づける名字が多い。

勝部は全国の6割が島根県にあり、その大半が出雲地区に集中している。野津も全国の6割近くが島根県にあり、さらに県内の6割以上は松江市にあるという松江独特の名字である。

門脇は門脇中納言といわれた平教盛の末裔と伝えるもので、山陰・高知県・秋田県などに集中しているが、そのなかでは島根県が人口・比率とも

名字ランキング（上位40位）

1	田中	11	佐藤	21	山田	31	小川
2	山本	12	山崎	22	野津	32	岡田
3	佐々木	13	中村	23	森脇	33	三島
4	藤原	14	森山	24	加藤	34	内田
5	高橋	15	斉藤	25	中島	35	安達
6	原	16	渡辺	26	安部	36	門脇
7	伊藤	17	福田	27	和田	37	松浦
8	山根	18	吉田	28	石原	38	川上
9	渡部(わたなべ)	19	勝部	29	三浦	39	小林
10	松本	20	井上	30	村上	40	青木

に最多。33位の三島も人口比では全国で最も高い。

41位以下では、48位の錦織が島根県を代表する名字である。錦織は古代の錦織部の部民から生まれた名字で、古くは錦部とも書いた。ルーツは近江国滋賀郡錦織郷（滋賀県大津市）という地名で、乙巳の変（大化の改新）以前から渡来人の錦織氏がいたことが知られている。同国には浅井郡にも錦部（長浜市）があり、古くから錦織一族がいたとみられる。また、『平家物語』には「錦古里」という漢字で登場していることでもわかるように、本来は「にしごり」と読んだらしく、公家の錦織家も「にしごり」と読むのが正しい。

中世、近江出身の佐々木一族が島根に下向して支配した。錦織一族も佐々木一族に従って島根県に移り住み、県内に広がっていったとみられる。ルーツから離れたことにより、漢字表記に従って「にしきおり」となり、さらに音便作用で「にしこおり」と変化した。島根県出身のテニスの錦織圭選手の「にしこり」という難しい読み方は、本来の読み方を今に伝えていることになる。なお、県内では「にしこおり」が多く、48位に入っている錦織は「にしこおり」である。

これ以下では、50位石倉、55位福間、56位石飛、60位曽田、68位小村、72位土江、73位梶谷、83位坂根、85位吾郷、90位江角、96位景山、97位園山、99位周藤と独特の名字が多い。

吾郷は実に全国の4分の3が島根県にあるという島根独特の名字。この他、江角は全国の7割近く、石飛と土江が6割以上、曽田と園山も全国の過半数が島根県にある。周藤は群馬県と島根県に集中している名字で、群馬県では「しゅうとう」と読むのに対し、島根県では「すとう」である。これは「周防の藤原」という意味だろう。

101位以下になるとさらに独特の名字は増え、柳楽、金築、藤江、多久和、寺戸、糸賀などがある。

● **地域による違い**

島根県は、出雲国と石見国に分かれていた。

出雲北部はバラエティに富んでいる。平成大合併前の旧松江市では野津は最多だったが、全県で20位にも入らない名字が県庁所在地で最多となっているのはきわめて珍しいことだった。

平成大合併では松江市は八束郡の8町村と合併したが、この8町村では

I　歴史の文化編

一番多い名字がすべて違っていた。そのため、現在の松江市の最多は松本で、野津は4番目に多い名字となっている。旧八束町では門脇がきわめて多かったほか、旧島根町の余村、旧宍道町の小豆沢、旧東出雲町の越野など独特の名字も多い。

安来市と出雲市ではともに原が最多。出雲市では旧出雲市域で今岡や勝部、旧平田市域では多久和や土江が多い。

出雲南部では圧倒的に藤原が多く、雲南市、奥出雲町、飯南町ではいずれも藤原が最多。安部や石飛も目立つ。また、雲南市の白築、落部、飯南町の後長などが独特である。

ところが、石見北部になるとがらっと変わる。大田市では田中、江津市では佐々木が最多で、渡辺、三上、田中、小川などが中心となる。江津市に集中している山藤は「さんとう」と読むほか、旧仁摩町の橋目、温泉津町の青笹、瑞穂町の洲浜といった独特の名字も多い。

石見南部では佐々木、斉藤、三浦が多く、浜田市では佐々木、益田市では斉藤が最多。このほか、中島、山本、岡本も目立つ。日原町では水津、旧旭町では大屋が最多だった。

隠岐では斉藤と藤田が多い。島前の隠岐の島町では斉藤が最多で、村上・吉田の順。村上は隠岐の名家の一族である。島後地区では島ごとに違い、西ノ島町では真野、海士町では藤田、知夫村では崎が最多となっている。

● **出雲大社と神の付く名字**

出雲は、国引きなど独特の神話を持ち、古代から大和や北九州と並んで栄えていた地域であった。そして、その中心となったのが出雲大社である。出雲大社のある場所は神門郡と呼ばれ、ここには神門氏という古代豪族もいた。現在も出雲市には神門という名字があり、「ごうど」とも読む。

また、出雲市に神田は、神庭など、「神」にちなむ独特の名字も多い。出雲市の旧大社町には別火という名字もある。別火とは「食事炊飯のための火を別にすること、またその火、それをつかさどる職掌人のこと」だといい、代々出雲大社の神火を守り続けてきた一族という。

出雲大社の神官は、古代から出雲国造という独特の名で呼ばれている。阿蘇神社、諏訪大社、宗像神社など、古くから続く大きな神社では、神官は中世には武士化し、戦国時代にはその広大な社領を背景に大名に発展した家も多いが、出雲大社の北島家、千家家の2家は武士化することもなく、

両家が交代で神職を務め続けた。明治以降になると千家家からは、千家尊澄が国学者に、千家尊福が第一次西園寺内閣の司法大臣、千家元麿が詩人として活躍するなど、多彩な人物を輩出している。

◆島根県ならではの名字
◎鉱(あらがね)

出雲地方で盛んだった製鉄に関連する名字。「鉱」とは金属を取り出していない掘り出したままの鉱石のことで、出雲市にある。

◎田部(たなべ)

雲南市吉田の菅谷たたらの田部家は日本一の山林王ともいわれ、明治以降も代々の当主は島根経済界の重鎮として活躍している。映画『もののけ姫』に登場するたたら製鉄も、菅谷たたらがモデルである。

◆島根県にルーツのある名字
◎益田(ますだ)

戦国時代に石見の戦国大名として活躍した一族の名字。藤原北家というが実際には不詳である。平安時代末期に国兼が石見国司として下向し、そのまま土着して御神本(みかもと)(浜田市)に住み、御神本氏を称したのが祖という。源平合戦では兼高(兼恒)は源氏方に属し、元暦元(1184)年兼高は石見国押領使に任ぜられて美濃郡益田荘(益田市)に移って益田氏を称した。嫡流は長州藩家老となった。

◎目次(めつぎ)

全国の6割近くが島根県にあり、その大半が松江市に集中している。出雲国意宇郡津田郷目津木(松江市)に由来する。

◆珍しい名字
◎重栖(おもす)

隠岐の名字。隠岐国隠地郡重栖荘(隠岐郡隠岐の島町)がルーツ。宇多源氏佐々木氏の支流で、鎌倉時代以降、代々重栖荘の地頭を務めた。室町時代には隠岐国の小守護代も務めた。現在は隠岐の島町の国分寺住職が重栖家である。

〈難読名字クイズ解答〉
①あてき／②あらがね／③いだね／④いてまだに／⑤おむか／⑥かたらお／⑦しょうじ／⑧ぜっつ／⑨なめら／⑩にゅうわ／⑪はんのえ／⑫ひのけ／⑬ぼくら／⑭ほとり／⑮めずき

Ⅰ 歴史の文化編

II

食の文化編

米／雑穀

地域の歴史的特徴

島根県は、古代から出雲、石見、隠岐の3つに区分されていた。神話の舞台になった出雲には出雲大社をはじめ多くの古社がある。石見には柿本人麻呂が国司として赴任し、石見の情景をうたっている。

稲作の中心地である出雲平野は、水はけが悪い湿地だったが、江戸時代に用水路が敷設されてから米づくりが盛んになった。

1876（明治9）年には浜田県が島根県に編入され、鳥取県も合併された。ここに出雲、石見、隠岐、伯耆、因幡5カ国を合わせた大島根県が誕生したが、1881（明治14）年には、島根県から旧因幡、伯耆が鳥取県として分離したため、現在の島根県の県域が確定した。島根という県名については、①シマは岩礁、ネは付近で日本海岸岩礁地帯、②シマは孤立地で、島根半島一帯の孤立地、の2説がある。

コメの概況

水稲の作付面積、収穫量の全国順位はともに30位である。収穫量の多い市町村は、①出雲市、②安来市、③松江市、④雲南市、⑤奥出雲町、⑥浜田市、⑦大田市、⑧邑南町、⑨益田市、⑩飯南町の順である。県内におけるシェアは、出雲市24.1％、安来市11.4％、松江市10.7％、雲南市9.0％などで、出雲市と安来市で県内収穫量の3分の1強を占めている。

島根県における水稲の作付比率は、うるち米95.0％、もち米3.6％、醸造用米1.4％である。作付面積の全国シェアをみると、うるち米は1.2％で全国順位が宮崎県と並んで30位、もち米は1.1％で福井県、兵庫県と並んで23位、醸造用米は1.2％で18位である。収穫したコメの過半は、中国、四国、九州、京阪神など県外に出荷される。

知っておきたいコメの品種

うるち米

(必須銘柄) きぬむすめ、コシヒカリ、ハナエチゼン、ヒノヒカリ
(選択銘柄) あきだわら、LGCソフト、春陽、つや姫、にこまる、夢の華

うるち米の作付面積を品種別にみると、「コシヒカリ」が最も多く全体の64.6％を占め、「きぬむすめ」(25.1％)、「つや姫」(5.7％)がこれに続いている。これら3品種が全体の95.4％を占めている。

- **コシヒカリ** 奥出雲町などで生産する「仁多米」はコシヒカリの銘柄米である。県内産「コシヒカリ」の食味ランキングは特Aだった年もあるが、2016（平成28）年産はAだった。
- **きぬむすめ** 島根県では2006（平成18）年から県内全域で栽培が始まった。コシヒカリに次ぐ島根の主力品種である。2015（平成27）年産の1等米比率は66.5％だった。県内産「きぬむすめ」の食味ランキングはAである。阪神地区では周知度が高い。
- **つや姫** 県内平坦部での栽培に適している。県内産「つや姫」の食味ランキングは特Aだった年もあるが、2016（平成28）年産はAだった。
- **ハナエチゼン** 県内全域で早期栽培に適している。収穫時期は8月中旬～下旬である。阪神地区では周知度が高い。

もち米

(必須銘柄) ココノエモチ、ヒメノモチ、ミコトモチ、ヤシロモチ
(選択銘柄) なし

もち米の作付面積の品種別比率は「ヒメノモチ」が最も多く全体の43.6％を占めている。「ココノエモチ」(28.7％)、「ミコトモチ」(17.8％)がこれに続いている。この3品種が全体の90.1％を占めている。

- **ミコトモチ** 島根県が「山陰糯83号」と「ココノエモチ」を交配して2008（平成20）年に育成した、島根県オリジナルのもち米である。ヤシロモチの島根県における後継品種で、ヤシロモチの倒伏性や白度などを改良している。

醸造用米

(必須銘柄) 改良雄町、改良八反流、神の舞、五百万石、佐香錦、山田錦
(選択銘柄) なし

　醸造用米の作付面積の品種別比率は「五百万石」が最も多く全体の51.7％を占め、「山田錦」(17.9％)、「佐香錦」(10.7％)がこれに続いている。この3品種が全体の80.3％を占めている。

- **佐香錦**　島根県が「改良八反流」と「金紋錦」を交配し2001(平成13)年に育成した。「酒造りの神様」として信仰されている島根県出雲市の佐香神社にちなんで命名された。

知っておきたい雑穀

❶小麦
　小麦の作付面積の全国順位は33位、収穫量は新潟県と並んで38位である。産地は出雲市、松江市などである。

❷二条大麦
　二条大麦の作付面積、収穫量の全国順位はともに4位である。統計によると、島根県で二条大麦を栽培しているのは出雲市だけである。

❸六条大麦
　六条大麦の作付面積の全国順位は22位、収穫量は23位である。産地は益田市、江津市、美郷町などである。

❹はだか麦
　はだか麦の作付面積、収穫量の全国順位はともに14位である。産地は出雲市、益田市、吉賀町などである。

❺ハトムギ
　ハトムギの作付面積、収穫量の全国順位はともに4位である。栽培品種は「あきしずく」(県内作付面積の64.2％)と「とりいずみ」(35.8％)などである。統計によると、島根県でハトムギを栽培しているのは出雲市だけである。

❻トウモロコシ(スイートコーン)
　トウモロコシの作付面積の全国順位は14位、収穫量は16位である。主産地は安来市、松江市、出雲市、邑南町などである。

❼そば

そばの作付面積の全国順位は14位、収穫量は18位である。主産地は出雲市、松江市、奥出雲町などである。栽培品種は「信濃1号」「在来種」「出雲の舞」などである。

❽大豆

大豆の作付面積の全国順位は27位、収穫量は25位である。産地は出雲市、安来市、松江市、浜田市、益田市などである。栽培品種は「サチユタカ」「黒大豆」などである。

❾小豆

小豆の作付面積の全国順位は14位、収穫量の全国順位は18位である。主産地は出雲市、雲南市、大田市、松江市などである。

コメ・雑穀関連施設

- **川東水路**（奥出雲町）　疎水は同町上阿井にあり、延長は8kmである。1935（昭和10）年に着工し、37（同12）年に幹線水路が完成している。1997（平成9）年から2002（同14）年度にかけて全面改修された。受益面積は64haで、「仁多米」などを生産している。昭和時代の約30年間この水路で小水力発電が行われた。

- **都賀西用水**（美郷町）　1938（同13）年に完成した。江の川支線の角谷川に井堰を設け、固い岩盤に300mのトンネルを掘り、急斜面の山肌を縫うように2.5kmの水路を建設した。これによって、それまで用水不足で桑などの畑作を余儀なくされていた美郷町都賀西の沖積地に稲穂が実ることになった。

- **うしおの沢池**（雲南市）　標高400m近い高原状の地形に立地している。1763（宝暦13）年に築造された後、何回か増築や改修を行い、現在も50haの農地に水を送っている。池の2カ所から湧水が出ている。山間地の棚田では、この池の水を使って棚田米を生産している。

- **やぶさめのため池**（江津市）　十数年放置されていた農業用のため池を地元の人たちが再生し、9枚の棚田の水源として活用している。ため池のすぐ下は昔、流鏑馬の射場だった。今は棚田に変わり、「やぶさめの棚田」とよばれている。池ではモリアオガエルの産卵が見られ、周辺の

Ⅱ　食の文化編

棚田を含め、子どもたちの生き物観察や農業体験の場にもなっている。
- 天川の水（海士町）　奈良時代に、僧行基が隠岐行脚でこの地を訪れた際、洞くつから流れ出る水に霊気を感じ、天川（天恵の水）と名付けた。一時は簡易水道の水源になっていたが、現在は主に農業用水として利用されている。

コメ・雑穀の特色ある料理

- すもじ（出雲地方）　すもじは、室町時代初期に宮中に仕える女性たちが使い始めた女房詞である。出雲地方では、サバ風味のちらしずしをいう。サバは、塩サバか焼きサバを使う。祝い事があるとつくる風習がある。
- うずめめし（津和野町）　地元産の山菜、豆腐、シイタケ、ニンジンなどを煮て、濃い目の味を付け具にする。これを、蓋付きの大きな茶碗の底の3分の1くらいまで煮汁ごと入れ、オロシワサビなどをのせる。その上に炊きたてのご飯を盛って蓋をしてできあがり。具や汁をご飯でうめることから名前が付いた。
- メノハめし（出雲地方）　島根半島一帯は、日本海の荒波によって浸食され、岩礁では肉が薄く幅広でやわらかいワカメが育つ。それを、小舟に乗って箱めがねなどを用いる「カナギ」漁法で採取する。これを乾かした板ワカメをメノハとよぶ。メノハめしには、軽くあぶって手もみしたメノハと、魚の身をほぐして入れる。
- 十六島紫菜の雑煮（出雲市）　十六島紫菜は出雲市の十六島地方で12月～1月に収穫される岩海苔である。奈良、平安時代の頃から朝廷に献上されていた。雑煮は、もちとノリを基本にしている。カツオとコンブの合わせだしにしょうゆを使った吸い物仕立てである。ほのかに潮の香りが立ちのぼる雑煮は、この地方の正月文化の一つである。

コメと伝統文化の例

- 流鏑馬神事（松江市）　豊作、大漁などを祈願して町内を歩き、爾佐神社前で3本の矢で天・地・海の魔を払うという松江市美保関町に伝わる古式ゆかしい神事である。京都に御所があった頃、爾佐神社が鬼門にあたるとして始まり、約450年の歴史がある。開催日は毎年4月3日。

- **萬歳楽の椀隠し**（吉賀町）　山盛りのご飯を食べて満腹になり、椀を後ろに隠す男性たち。おかわりを盛りつけるためそれを奪おうとする女性たち。そんな攻防が展開される奇祭である。吉賀町柿木村下須地区に室町時代から伝わる。島根県の無形民俗文化財。開催は毎年12月初旬。
- **鹿子原の虫送り踊り**（邑南町）　邑南町矢上の鹿子原集落で200年以上続く害虫退散と五穀豊穣を願う伝統行事である。花笠に浴衣、紅だすき姿の若者たちが腰に太鼓をつけ、乗馬姿のわら人形を中心にくり出し、虫送り唄に合わせて行進し、村はずれの川に人形を流す。開催日は毎年7月20日。
- **太鼓谷稲成神社春季大祭**（津和野町）　1773（安永2）年に石州津和野城主7代亀井矩貞公が、三本松城の表鬼門にあたる東北端の太鼓谷の峰に、京都・伏見の稲荷大神を勧請したことにちなんで行われる。五穀豊穣などを願う参拝者が多い。神社に奉納された約1,000本の鳥居が参道に並び、長いトンネルをつくっている。開催日は毎年5月15日。

こなもの

出雲そば

地域の特色

本州の中国地方の中北部の地域で、北部は日本海に面している。かつての出雲・石見・隠岐の3国である。海に面している地域以外、大部分は中国山地である。県庁所在地の松江市は、島根県の北東部に位置し、中央を大橋川が東に流れている。江戸時代は松平氏の9万石の城下町として栄えた。

北東部の島根半島の基部に宍道湖と中海がある。近年、島民全体で活性化を目的として他県からの高校生の受け入れ増加の計画も行っている隠岐諸島も含まれる。

島根県には、祭神が大国主神である出雲大社がある。古くから「大黒様」の名で親しまれ、毎月10月に全国の神が出雲に集まって、氏子の間の縁結びを相談するという俗信があることから、縁結びの神といわれている。広島県との境に中国山地が広がり、標高1000m前後の山々が連なって、全体に山がちな地形となっている。山地から流れる斐伊川は、下流に出雲平野・松江平野を形成している。気候は、秋から冬にかけて曇りや雨の日が多く、季節風が強い。

食の歴史と文化

茶人として知られている7代藩主松平治郷（不昧公）が松江城を受け継いで以来、和菓子づくりが盛んになった。その影響は今にも及び、松江の和菓子文化は注目されている。松江の代表的和菓子には、若草、山川、彩紋、菜種の里、薄小倉などがある。

よく知られている郷土料理に「出雲そば」がある。そばの実と甘皮を一緒に挽いているため、そば（粉）の色は黒っぽく、香りが豊かであり、コシの強い麺であるのが特徴である。一般的な食べ方は、割り子という朱塗りにした小さく丸い器に、薬味（刻みネギ、刻みのり）を加え、濃い目の

60

そばつゆをかけて食べる。そのために、割り子そばともいう。

祭りには木枠にすし飯と具材を詰めた押しずしの「箱ずし」がある。伝統的な漁師料理に、魚を使ったすき焼き風の「へか鍋」がある。

伝統野菜の「津田カブ」「黒田セリ」は、江戸時代から松江周辺で栽培され、特産化している。斐川町特産の「出西ショウガ」も江戸時代から栽培されている。

知っておきたい郷土料理

だんご・まんじゅう類

①まめ栗

栗の季節に、栗の煮物と米粉のだんごを一緒に盛り合わせて、間食や来客のもてなしに利用する。

渋皮を除いた栗は、たっぷりの水で軟らかく煮る。煮えたら余分な湯を捨てる。少し形がこわれる程度に軟らかく煮る。だんごはもち米の粉で作り、茹でる。もち米は寒中に洗って干し、石臼で挽いて作る。だんごはこの粉をぬるま湯で捏ねて、一口大のだんごに丸めて作る。

栗とだんごを合わせて、上から砂糖をかける。

②いもだんご

生切り干しサツマイモの粉に水を加え、だんごの硬さに捏ねて小さなだんごにし、蒸す。色は黒く、甘味がある。生のサツマイモがなくなると、薄切りして乾燥したサツマイモを粉にして、ときどき作る。そのまま食べるほか、砂糖入り醤油をつけて食べる。

石見海岸地域は、サツマイモの栽培が盛んで、いたるところの畑でサツマイモを栽培し、収穫したサツマイモは蒸かしいも、干しいも、いもだんごにして食べることが多い。

③焼きもち

そば粉で作る焼もちで、おやつとして食べている。そば粉をこね鉢に入れ、熱湯をさしてだんごの硬さに捏ねる。これを適当な大きさにちぎって、平たく丸め、熱湯の中に入れて茹でる。これをふたたびこね鉢に移して捏ねる。この生地をいくつかに分けて丸め、炭火でこんがりと焼く。

いかの塩辛を貝殻に入れて焼き、これを「焼きもち」につけて食べるこ

Ⅱ　食の文化編

ともある。黒砂糖入りの焼きもちもある。
④いがもち
　雛祭りに作り、ひな壇に供え、お祝いする「だんごもち」である。
　もち米の粉とうるち米の粉を練って作っただんごの生地で、小豆のこし餡を包む。別に取り分けておいた米粉の生地を赤・黄・緑などの色をつけて、素焼きの型で梅・亀・松などのおめでたい形をつくり、餡を包んだ生地にのせる。これを、椿の葉にのせて蒸す。
⑤かしわもち
　うるち米の粉ともち米の粉を合わせ、熱湯を加えて柏餅の生地を作る。この生地で小豆餡を包み、両面にサルトリイバラの葉を当てて蒸す。
　田植えの後の骨休みやお盆、端午の節句に作る。
⑥神饌としての油で揚げた米菓
　4月7日に行われる美保関町の美保神社の青柴垣神事(あおふしがきしんじ)は、古代の国譲りにまつわる古い神事において、米を浸漬してから臼で搗いて粉にし、捏ねて鶴、亀、兎、犬、猿、コウジミカン（柑子）、ざくろ、山桃などの形を作りごま油で揚げ、彩色を施して神饌とする。
⑦源氏巻
　島根県津和野町お焼き菓子。小麦粉に、砂糖、蜂蜜、卵を混ぜあわせた生地で、漉し餡を巻き、狐色に焼き上げたもの。津和野藩の家老の多胡外記（加古川本蔵）は、非常に忠誠心が強かった。津和野藩の11代藩主・亀井茲監(これみ)は、多胡氏の忠誠心を称え、御用菓子に命じて、小判包みの菓子を作ったと伝えられている。これが、歌舞伎の『仮名手本忠臣蔵』に因んで「源氏巻」と呼ばれた。

お焼き・焼きおやつ・お好み焼き・たこ焼き類

①おやき
　もち米とうるち米の寒ざらし粉に水を入れてまんじゅうの硬さに捏ね、小豆のこし餡を入れて包みだんごを作り、「大」の字の彫ってある木製の型に入れて形を作り、鉄板やフライパンで焼く。津和野では3月10日の「苗の市」、20日の「種もの市」、18日の「ひな祭り」には、ヨモギの入ったお焼きを作る。

麺類の特色　　出雲大社を中心に発展した出雲地方の郷土のそばで、「割り子そば」が代表的な食べ方。割り子という独特の小さい丸い容器（3～5段に重ねる）にそばを分け入れて食べる。

　そばの種子の甘皮を挽き込んでひきぐるみを使う風味と弾力の強いそば。そばは短く、黒みがある。つなぎには、卵白を使っている。各種の薬味を使い、いろいろなそれぞれの割り子のそばの風味を楽しむ。割り子は、昔はヒノキ製の角型であったが、明治時代には長方形、大正時代から昭和時代までは小判型、その後はイチョウ木でできた丸形で、輪島塗を使っている。

めんの郷土料理

①割り子そば

　出雲そばの食べ方は、そばつゆをそばちょこに入れずに、そばの入っている割り子に直接かけて食べる。

②めかぶうどん

　ワカメの根元の茎のメカブを入れたうどん。刻んで調味した「メカブとろろ」をうどんの上にたっぷりのせたもの。しゃきっとしたメカブのとろっとした独特の粘りと歯応え、磯の香りが食欲を誘う。隠岐の名物である。

③湯鯛

　山間部の津和野の格式高い縁起料理。鯛は鱗や内臓を除き、金串を打って塩を振り、焼く。さらに、酒を振り、姿のまま蒸す。大皿に蒸した鯛と茹でた素麺を盛る。

▶「西条」の栽培面積は最大級

くだもの

地勢と気候

島根県は、北が日本海に面し、南は中国山地を隔てて広島県に接している。汽水湖の中海と宍道湖があり、それぞれ国内で5番目と7番目の広さである。県東北部には、島と本土とが河川の沖積作用によってできた島根半島がある。北方の海上には、島前、島後からなる隠岐諸島がある。

島根県の気候は、全体としては日本海側の気候に区分される。ただ、県東部は冬季多雨雪の北陸型に近く、西部は北九州の気候に似ている。隠岐は日本海独特の海洋性気候である。

知っておきたい果物

ブドウ ブドウの栽培面積の全国順位は17位、収穫量は15位である。栽培品種は「デラウェア」が中心で、「シャインマスカット」が新品種として加わっている。主産地は出雲市、益田市、安来市、雲南市、浜田市などである。

島根県は「デラウェア」のハウス栽培では有数の産地である。加温により早出しが可能になり、4月中旬頃から出荷する。出荷は「デラウェア」が7月中旬まで、「シャインマスカット」が7月中旬~9月下旬頃などである。

浜田市は「ピオーネ」の産地である。「デラウェア」は出雲市、益田市、大田市など、「シャインマスカット」は出雲市、雲南市、益田市、大田市などで栽培されている。

プルーン プルーンの栽培面積の全国順位は12位、収穫量は9位である。主産地は出雲市などである。

ユズ ユズの栽培面積の全国順位は14位、収穫量は12位である。主産地は益田市美都町で、雲南市、大田市などでも生産されている。出荷時期は11月上旬~12月下旬頃である。

イチジク　イチジクの栽培面積、収穫量の全国順位はともに14位である。主産地は出雲市、松江市、浜田市などである。出荷時期は8月中旬〜10月下旬頃である。

　日本海に面し、水はけの良い土壌、潮風、山おろしなどイチジクの栽培に合った気候風土をもつ多伎町（現在は出雲市多伎町）では1970（昭和45）年頃からイチジクの産地化が進められた。出雲市多伎町産のイチジクは「多伎いちじく」として地域ブランドに登録されている。「多伎いちじく」の品種は、寛永年間に中国から伝来した「蓬莱柿（ほうらいし）」である。

カキ　カキの栽培面積、収穫量の全国順位はともに19位である。栽培品種は、中国地方特有の「西条」が中心である。主産地は出雲市、松江市、浜田市、大田市、益田市、海士町、川本町などである。

　島根県の「西条」の栽培面積は最大級である。「西条」は形が打ち出の小槌を連想させるため、「こづち」の愛称でよばれることもある。

　「西条」の皮をむき乾燥させたものは「あんぽ柿」として出荷している。出荷時期は、生果実が10月上旬〜11月中旬、干し柿が10月下旬〜12月下旬頃である。

　標高150〜200mの山間に位置する松江市東出雲町の畑地区では、200年以上前から、干し柿専用の「カキ小屋」を利用した天日乾燥による生産が行われており、冬の風物詩になっている。天日乾燥による加工技術そのものは、約450年前に毛利軍によってもたらされたとされる。

　出雲市では「富有」も生産されている。

ハッサク　ハッサクの栽培面積の全国順位は、神奈川県と並んで22位である。収穫量の全国順位は24位である。主産地は隠岐の島町などである。収穫時期は1月〜2月頃である。

ビワ　ビワの栽培面積の全国順位は、福井県、宮崎県と並んで23位である。収穫量の全国順位も23位である。主産地は邑南町などである。

リンゴ　リンゴの栽培面積の全国順位は、京都府、大分県と並んで28位である。収穫量の全国順位は31位である。栽培品種は「ふじ」「王林」「つがる」「千秋」などである。主産地は松江市、飯南町などである。収穫時期は9月上旬〜11月中旬頃である。

ミカン　ミカンの栽培面積、収穫量の全国順位はともに31位である。主産地は海士町、安来市などである。収穫時期は10月上旬〜

11月中旬頃である。

スモモ スモモの栽培面積の全国順位は、新潟県、大阪府、山口県と並んで32位である。収穫量の全国順位は、静岡県と並んで29位である。主産地は雲南市、安来市などである。

日本ナシ 日本ナシの栽培面積、収穫量の全国順位はともに33位である。栽培品種は「幸水」「二十世紀」「豊水」「新高」「愛宕」「晩三吉」などである。

主産地は、「二十世紀」が安来市など、「幸水」「豊水」「新高」「愛宕」「晩三吉」が浜田市、安来市、出雲市などである。出荷時期は8月中旬〜2月中旬で、品種や地域によって異なる。

ブルーベリー ブルーベリーの栽培面積の全国順位は34位、収穫量は大分県と並んで27位である。主産地は浜田市、邑南町、雲南市、大田市、出雲市などである。出荷時期は6月中旬〜8月上旬頃で、直売所や道の駅を中心に生果のほか加工品としても販売されている。

邑南町の標高300〜400mの地域では20品種近くが栽培されている。

桃 桃の栽培面積の全国順位は、宮崎県と並んで36位である。収穫量の全国順位は33位である。主産地は雲南市、大田市、安来市などである。出荷時期は7月下旬〜8月上旬頃である。

クリ クリの栽培面積の全国順位は34位、収穫量は37位である。中山間地の傾斜地で栽培されており、主産地は津和野町、吉賀町、雲南市などである。出荷時期は9月上旬〜10月下旬頃で、京都市場や地元市場に出荷される。

ウメ ウメの栽培面積の全国順位は36位、収穫量は37位である。栽培品種は「甲州最小」などである。主産地は松江市、益田市、雲南市などである。収穫時期は6月頃である。

江戸時代、ウメの実は、石見銀山で働く人たちの健康を維持し、鉱毒を防ぐ健康食品として活用された。

キウイ キウイの栽培面積の全国順位は、大阪府、宮崎県と並んで38位である。収穫量の全国順位は40位である。産地は安来市、松江市などである。

メロン メロンは益田市、出雲市、大田市、飯南町、安来市、雲南市などで栽培されている。栽培品種は「アムスメロン」と「アー

イチゴ イチゴは安来市を中心に出雲市、大田市、斐川町、益田市などで生産されている。収穫時期は1月中旬～5月下旬頃である。

サンショウ 栽培品種は「朝倉山椒」などである。主産地は雲南市などである。サンショウは古名では「かわはじかみ」といった。

> 地元が提案する食べ方と加工品の例

果物の食べ方

フルーツカスタード（浜田市）

スキムミルクを水で溶き、卵、砂糖、コーンスターチを混ぜ合わせ火にかけて、かき混ぜながらカスタードクリームをつくる。任意の果物を食べやすく切り、器に入れて混ぜる。

芋柿ハムカツ（JAいずも）

ボウルに卵、小麦粉など衣の材料を入れて混ぜ、斜め切りのサツマ芋、半分に切ったハム、薄切りのカキ、ハム、カキ、サツマ芋の順に重ねて通し、パン粉をつけて中温で揚げる。

イチジクの生ハム包み（JAいずも）

皮をむいて縦に4つに切ったイチジクを、1枚を半分にカットした生ハムで包む。器に盛り、カッテージチーズをのせる。ホイップクリームをのせてもよい。

栗と生ハムのリゾット（JA西いわみ）

オリーブオイルでクリを炒め、白ワインを加えアルコールを飛ばす。リゾット米とブロードを入れ、中火で炊く。生クリーム、パルメザンチーズを加え生ハムなどを散らす。

益田産アムスメロンのスープ、ヨーグルトムースと共に（JA西いわみ）

グラニュー糖と生クリームを八分立てにし、ヨーグルトとゼラチンを加えて冷やす。メロンを入れたグラスに入れ、果肉を砕いて加える。

ゆで卵と干し柿の天ぷら（浜田市）

縦に包丁を入れて広げ、種をとった干し柿で、ゆで卵を包み、小麦粉を

薄くまぶして、小麦粉と卵の衣をつけて油で揚げる。干し柿を軽くたたいてのばすと包みやすい。

果物加工品

- 干し柿　畑ほし柿生産組合

消費者向け取り組み

- 赤来高原観光りんご園　飯南町

魚食

地域の特性

　中国山脈が日本海にせまっているので平野部が少なく、日照時間も不足し、冬の北西の季節風により寒く、積雪が多い。島根半島が日本海に張り出しており、基部には中海、宍道湖がある。石見地方は、漁業の発達した地域であり、隠岐は魚介類の資源に恵まれた島々がある。

魚食の歴史と文化

　出雲地方は、江戸時代に松江藩領となった。その後、1638（寛永15）年に松平直政があらたに松江藩をおこす。幕末まで続き松江城を居城としている。1767（明和4）年に松江藩主となった松平治郷は、茶の湯を好み、茶の文化の振興につくした。現在も、松江が茶の文化に伴う和菓子や料理については、独特の文化を維持している。宍道湖は淡水と海水の混ざる汽水湖で、特有の魚介類が生息している。とくに、シラウオやシジミは「宍道湖七珍」とよばれている。

知っておきたい伝統食品・郷土料理

地域の魚介類　島根県で水揚げされる主な魚介類には、トビウオ、マアジ、アカムツ（ノドグロ）、アマダイ、ズワイガニ（隠岐松葉ガニ）、ケンサキイカ（白いか）、メバル、ブリ、アンコウ、カレイ類（シガレイ、ソウハチ）、エッチュウバイ（しろばい）、イワガキ、サザエ、ヤマトシジミ、アユなどがある。

　近年利用される主な魚介類は、トビウオ、ノドグロ（浜田）、マアジ（浜田）、シイラ、カレイ（浜田）シロバイ（隠岐）、イワガキ（隠岐）、ヤマトシジミ（宍道湖）、ズワイガニ（ベニズワイガニ、隠岐松葉ズワイガニ）などである。

Ⅱ　食の文化編　　69

伝統食品・郷土料理

①海藻類
- 板わかめ（めのは）　日御碕から島根半島一帯で獲れるものは、筋が細く葉が広く軟らかく、若いものをワカメ、葉の繁った薄く広いものをメノハ（若布（め）の葉）と呼んでいる。天日乾燥したものは板わかめといい、炙り、香味のよいものを使う。ワカメ飯・菜飯に入れる。出雲わかめという。
- うっぷるいのり（十六島紫菜）　日本海沿岸で獲れる岩海苔の主要種。出雲市十六島地区が主産地。奈良・平安時代には朝廷への貢納品であった。出雲地方の雑煮には欠かせない食材で、醤油味の澄まし汁に使われている。

②うるめ丸干

　山陰沖で獲れるウルメイワシは、マイワシより暖かい海域を回遊する。眼の脂瞼という部分がうるんでいるように見える。塩漬けしてから干した丸干が逸品。

③ムシガレイの料理

　島根県では、有眼側に大きな斑紋があることから「モンガレイ」といわれている。漁期は6月〜翌年3月。刺身、煮つけで食べる。干物がとくに美味しい。

④魚の干物
- アジの干物　マアジの干物。獲れた手を刺身、たたきで食べる。
- イカの一夜干し　ケンサキイカの一夜干し。

⑤瓶詰めウニ

　バフンウニの塩漬け

⑥へか焼き

　漁師料理の「魚のすき焼き」。昔、料理の道具として農機具の「へか」（鋤のこと）を使うことに由来する。

⑦宍道湖珍味

　汽水域の宍道湖で獲れる「スズキ・モロゲエビ・ウナギ・アマサギ・シラウオ・シジミ・コイ」の郷土料理。コイは糸造り、シラウオは澄まし汁、スズキは奉書焼き、シジミ（ヤマトシジミ）はシジミ汁、アマサギは醤油

のつけ焼き、モロゲエビ（ホンジョウエビ）は塩焼き、ウナギは地焼きといわれる蒲焼きで食べる。

⑧トビウオの「野焼き」

　トビウオと地伝酒で作る竹輪である。

⑨サバ料理

　昔から塩漬けにして山間部地方へ運んだ。さばずし、さばしゃぶしゃぶ、焼きさば、さばすきにする。

⑩たい飯

　熱々のご飯にタイのそぼろと薬味をのせ、だし汁をかけて食べる。

⑪川魚料理

　アユ、フナ、ヤマメ、イワナ、ツガニ（モクズガニ）などが獲れる。アユは塩焼き、内臓は塩辛（うるか）に、フナは甘露煮、ヤマメ・イワナは塩焼き、ツガニは茹でて二杯酢で食べる。

- コイの糸造り　三枚におろしたコイを糸のように造り、塩もみして茹でたコイの卵をまぶす。松江の名物料理。
- こもり豆腐　鍋に水と豆腐を入れ、ドジョウを活きたまま入れて火にかける。湯がわくにつれて、豆腐の中にドジョウが入りこんだところを、みりん、砂糖、醤油で味付けする。

⑫海鮮うずめ飯

　島根県西部に伝わる郷土料理。具（マグロ、イカ、鯛、ホタテ、カンパチなど季節の魚）を茶碗の中に入れ、この上にご飯をのせて、具を埋めてしまう。卵と海苔を混ぜて、お茶漬けで食べる。

⑬いかのこはんぺん

　イカの卵だけを使って作るはんぺん。

⑭シジミのみそ汁

　宍道湖のシジミの旬は冬。赤だしのみそを使うのがよい。

⑮スズキの奉書焼

　スズキを丸のまま奉書で巻いて、蒸し焼きにする。幕末の松江藩主には料理好きが多かったといわれている。たい飯、ウナギのから蒸し、コイの糸造りなど今日の松江の食文化に大きな影響を及ぼしていた。あるとき、1人の漁師が、熱灰で焼いた魚を松平治郷が好むことを知り、奉書に包んで蒸し焼きにした魚を献上した。この蒸し焼きしたスズキが美味しかった

ことから、奉書焼が人気となったという。
⑯つと蒲鉾
　麦わらでの簀で巻いて、蒸した蒲鉾である。
⑰さざえ飯
　隠岐地方で、来客など人の集まる機会に作る炊き込みご飯。スライスしたサザエ、タケノコを混ぜた醤油味の炊き込みご飯で、サザエのうま味と磯の香りが隠岐の郷土料理を醸しだしている。隠岐は海産物の豊富なところで、サザエを使った料理で街の活性化に努めている。アオリイカの焼きものが、郷土料理の「白いか焼き」となっている。
⑱ドジョウ料理
　島根県東部、中海に臨む安来市は山陰道の宿場町・港町として発達した地域である。安来市は「どじょうすくい」で有名である。これに伴い、ドジョウ料理も多い。全国的に知名度のある安来市の「安来節・どじょうすくい」は、春の花見シーズンに行われる。その原型は江戸末期にできたといわれている。「どじょうすくい男踊り」と「どじょうすくい女踊り」がある。男踊りは小川でドジョウをすくうときの動作を表現したもので、女踊りはどじょうすくいのところを舞踏的にリズムカルに軽快に踊る。一般には、ドジョウの旬は初夏である。現在は養殖も盛んに行われる。調理の際、下ごしらえとして丸のまま蓋つきの鍋に入れて酒を振ると表面のぬめりが、アルコールで凝固して除くことができる。蒲焼き、から揚げ、柳川鍋などの食べ方がある。生食と焼き物は不適当である。柳川鍋にゴボウを加えるのはぬめりを吸着するため。川魚の特有のクセを消すのに山椒を使い、濃い目の醤油味に仕立てる。最近は「どじょう弁当」（駅弁）で街の活性化に努めている。

鴨鍋

▼松江市の1世帯当たりの食肉購入量の変化 (g)

年度	生鮮肉	牛肉	豚肉	鶏肉	その他の肉
2001	38,523	8,427	14,482	12,184	1,446
2006	41,964	8,677	16,411	12,021	1,614
2011	40,090	5,627	16,799	13,441	1,453

　島根県は中国地方の北部に位置し、島根半島の先の日本海に浮かぶ隠岐諸島は自然に恵まれ、ウシの肥育に適し、中国山脈の麓も自然に恵まれウシの肥育に適し、ウシの産地として、その名は全国に知られている。島根県の山岳地帯に棲息する野生の鳥獣類による樹木や田畑の農作物の被害が著しいので、野生の鳥獣類を捕獲する団体の活動が顕著である。島根県が出雲国、石見国といわれていた時代からウシの産地だった。江戸時代に入ると、仁多、大原、飯石、神門などでもウシの生産が行われていた。

知っておきたい牛肉と郷土料理

銘柄牛の種類

　島根県は自然環境がウシの肥育に適しているので開発した銘柄牛の種類は比較的多い。肉牛の生産が盛んになったのは、1955（昭和30）年からである。1987（昭和62）年に行われた肉牛の品評会では、優秀な成績と評価された黒毛和種も飼育していた。銘柄牛には、しまね和牛、しまね和牛肉、ぴゅあゴールド奥出雲しまね和牛、潮風牛、いずも和牛、石見和牛肉、島生まれ島育ち隠岐牛などがある。

❶しまね和牛のうま味と調理法のポイント

　島根和牛の性質はおとなしいので、飼育しやすい黒毛和種である。また、早熟、早肥で、体格・体型に優れている。これまでに、何回か全国和牛能力共進会で表彰されているほど、肉牛として優れている黒毛和種である。鮮やかな色合いの肉質は、きめ細かな「霜降り」で、深みのあるコクと豊かな風味が特徴である。しまね和牛の肉を食べたときの感じは、最初のうま味に持続性があり、そのうま味が余韻となって口腔内に残るのが、味に

凡例　生鮮肉、牛肉、豚肉、鶏肉の購入量の出所は総理府発行の「家計調査」による

関する大きな特徴である。

　しまね和牛の肉を焼くときには、その風味を損なわないようにするために、「最初から遠火の強火でじっくり焼く」のが基本で、この焼き方を守ることが薦められている。風味と肉の軟らかさを保つための方法として、肉汁がとけだすのを防ぐように、食塩（天然塩）は最後に振る。

❷石見和牛とステーキ

　島根県ばかりでなく日本の各地域には数多くの地域銘柄牛が開発されている。その中でも「石見和牛」は、世界中で人気のある和牛とJA島根では自慢している。島根県は、優秀な血統の雌牛を多く輩出している日本有数の繁殖地である。中でも石見地方や邑南町（おおなんちょう）は、緑に囲まれた台地があり、寒暖の差が大きく和牛の飼育に適しているところで、清潔な牛舎で手塩にかけて肥育しているのが石見和牛である。雌の若い未経産の石見和牛の肉質は軟らかく、年間200頭を限定して生産している。

　遠火の強火で焼くか、よく熱したフライパンで焼くサーロインステーキ（medium または medium rare）に適している。石見和牛は、肉の脂肪の含有量は比較的少ないので、近年のヘルシー志向に適した肉である。石見和牛は、生産量が限定されているので「幻の肉」といわれているほど入手は難しい。

❸隠岐牛と料理

　島根半島の北東約40kmの日本海に浮かぶ隠岐。人口わずか2万5千人足らずの島は、自然に恵まれ牛の飼育に適している。すなわち、牛にとってはストレスがなく、のびのびとした生活ができ、飼育農家にとっては一貫して安全に管理できることができる。このような隠岐で飼育されたのが「隠岐牛」である。隠岐牛の定義は、「島生まれ、島育ちであること」、「隠岐島（海士町、西ノ島町、知夫村、隠岐の島町）で生まれ育った未経産の雌牛」「日本食肉協会の枝肉の格付けが4等級以上のもの」「隠岐牛出荷証明書が発行されていること」などがある。島内では、年間1,200頭が生まれ、それを隠岐牛として飼育する。1年間に市場へ出荷する隠岐牛は1割程度であるから、隠岐牛の肉も「幻の肉」といわれている。

　隠岐の島で最も人口の多い海士町の店や島民が食べる料理は「焼肉」が多い。炭火焼の店も鉄板で焼く店もある。串焼きのように串に刺した肉を焼く店、内臓をホルモン焼きとして提供する店もある。

❹潮凪牛(しおなぎぎゅう)と料理

「潮凪牛」は、隠岐の島で生まれ、生後7～9か月の間、自然の中で自由に放牧して体が丈夫になったところで、本土の奥出雲の牧場で600～650日（20～22か月）の間、肥育・育成された安心・安全な島根県産の和牛である。奥出雲の牧場では、手作りの木の香りに包まれた牛舎も利用して育成する。生まれたときの仔牛は隠岐の島から奥出雲の自然豊かな環境でストレスを受けずに飼育された牛が隠岐の島発の「潮凪牛(しおなぎうし)」とよんでいる。隠岐の島生まれ奥出雲育ちの潮凪牛の銘柄の規格は、黒毛和種であり、枝肉の肉質の格付けはA-3以上、A-4、A-5であることとなっている。㈱モリミツフーズが生産している黒毛和種に対しては「モリミツ」の名をつけることもある。

潮凪牛の料理としては、ステーキ、鉄板焼き、焼肉などの加熱料理が薦められている。隠岐の島の自慢の牛肉料理として提供している店もある。

❺奥出雲和牛と料理

奥出雲は、古くからウシとのかかわりが深く、ウシの飼育には細かな愛情をもって飼育している。奥出雲も自然豊かな環境なので、飼育している牛にはストレスを与えることなく、のびのびと生活している。奥出雲地方の牛の飼育の技術は「卜蔵(ぼくら)づる」といわれている。1855年頃、奥出雲町町竹崎の卜蔵甚平衛正昇氏が作り出したことから「つる牛」ともいう。卜蔵が生み出した飼育法によって飼育されたウシは、「つる牛」といわれている。

「奥出雲和牛」の条件は、島根県東部の雲南地域（仁多郡、雲南市、飯石郡）で生まれた黒毛和種の子牛を、JA雲南町営牧場で指定した飼料などを与えて飼育した黒毛和種に限定されている。

お薦め料理はサーロインのステーキやしゃぶしゃぶである。しっかりした肉質で、肉本来の甘みがあり、脂身もしつこくなく、美味しく食べることができる。

● **島根産銘柄和牛の美味しい料理の種類** すき焼き、焼肉、ステーキ、刺身、たたき（とくに牛タンのたたき）、しゃぶしゃぶなどは、島根県内の料理店（隠岐の島の料理店も含む）が、美味しい料理として提案している。

Ⅱ　食の文化編

知っておきたい豚肉と郷土料理

銘柄豚の種類

銘柄豚の種類は、銘柄牛の種類に比べると少ないようである。石見ポーク、PSC島根ポーク、ケンボロー芙蓉ポークがある。

❶石見ポークと料理

島根県邑南町の特産品である。品種は日本には少ないケンボロー種である。石見ポークの肉質の特徴は、毎日食べてもコレステロールの蓄積が少なく高たんぱく質の肉質であるが、摂取エネルギーが多くならないように脂身の少ない低カロリーで低コレステロールの肉質となるように、給与する飼料の材料や成分が工夫されている。

飼料の主な食材はトウモロコシ、大豆粕で、さらに乳酸菌、ビタミン、ミネラルも混ぜてある。飼育に当たっては、給与する水は地下120mからくみ上げる天然水を使用している。

お薦め料理は、ソテー (medium rare)、生姜やき、しゃぶしゃぶ、トンカツ、串焼き、炒め物（細切れ）、網焼き、トンカツのバーガーなどである。内臓は網焼き（ホルモン焼き）にできる。スペアリブの網焼きやフライなども美味しい。

❷SPC島根ポークとケンボロー芙蓉ポーク

いずれもケンボロー種であり、㈲島根ポークが飼育している。両者とも徹底した衛生管理のもとで飼育されている。両者の違いは給与する飼料の内容である。味の点では島根ポークに比べて、芙蓉ポークは脂質と赤身肉の味にコクがある。SPC島根ポークは「島根ポーク」、ケンボロー芙蓉ポークは「芙蓉ポーク」の商標登録を取得している。

芙蓉ポークの肉質は島根ポークに比べて、サシが少なく、赤身肉はコクがあり、風味、ジューシーさ、コク、軟らかさのバランスがよく、ソテー、焼肉、とんかつなどに向いている。島根ポークは炒め物、煮込み物に向いている。

知っておきたい鶏肉と郷土料理

『全国地鶏銘柄鶏ガイドブック』によると天領軍鶏、銀山赤どりが掲載されている。

❶天領軍鶏と料理

純粋なシャモで平飼いされている。飼料として自家発酵飼料を使用している。

220日間かけて飼育しているのでコクがある。さっぱりした野菜との組み合わせが、この鶏肉を食べるコツである。軍鶏鍋、たたきは、この鶏肉のうま味がよくわかる。その他、串焼き、照り焼き、水炊きでも賞味されている。

❷銀山赤どり

品種はニューハンプシャー種で、大江高山の麓の自然豊かな環境で、ブロイラーの約2倍の日数（120日）をかけて飼育している。肉質は甘みがあり、クセもなく美味しい肉である。すき焼き、串焼き、たたき、照り焼き、水炊きのような鍋料理で賞味されている。

知っておきたいその他の肉と郷土料理・ジビエ料理

- **鴨の貝焼き**　島根県の郷土料理。大きなアワビの貝殻を鍋のかわりに使う。アワビの貝殻にだし汁を入れて加熱し、そこに鴨の皮と骨をミンチにし、団子状にして入れて煮る。その上に野菜類、鴨の身肉ものせて加熱し、カモの身肉の表面に熱が通り色が変わったら食べる。
- **鯨飯**（くじらめし）　浜田市の郷土料理。節分に食べる炊き込みご飯。クジラの皮のついた脂肪組織を細かく切って米に入れて炊く。味付けは一般的の炊き込みご飯と同じ。

島根県のジビエ料理

島根県のジビエは処理の方法がよいので、コクがあり風味もあると評価されている。種類としては、イノシシ、シカ、クマなど。主に、フランス料理やイタリア料理として提供されている。いずれも、赤ワインに合う料理のようである。必ず、ワインと一緒に食べるようなメッセージがある。すなわち、ワインに合わせて食べるのがジビエ料理の楽しみ方であることを示唆している。

島根県の天然のジビエ（とくにイノシシ）は、滋味深く肉のうま味をたっぷり堪能できると、地元のフランス料理やイタリア料理のシェフは、島根のジビエの美味しさを評価している。

ジビエ料理としては、ステーキ、野菜類との煮込み料理、鍋料理などが多い。

▼松江市の1世帯当たり年間鶏肉・鶏卵購入量

種　類	生鮮肉（g）	鶏肉（g）	やきとり（円）	鶏卵（g）
2000年	33,024	11,520	2,022	32,825
2005年	38,674	12,602	1,012	32,915
2010年	48,894	15,732	1,662	35,827

　建国に関する神話によれば、島根県の出雲大社は大和朝廷が建て、大国主命が神として祀られ、古くから「大黒様」の名で親しまれている。出雲の人は、信仰心が高く、出雲大社の神職である出雲国造家を尊敬し、自宅の神棚には出雲大社のお札をまつる。鶏は神話にしばしば登場してくるので、神話の多い出雲大社のある島根県には、多種類の銘柄地鶏が存在するかと思っていたが、天領軍鶏、銀山赤どりのみが存在している。天領軍鶏は天領が朝廷直結の領土を意味するから出雲大社の名にちなんで名づけられた地鶏であり、銀山赤鶏は石見銀山の名にちなんで名づけられた地鶏と思われる。

　2000年、2005年、2010年の県庁所在地松江市の1世帯当たりの生鮮肉の購入量は、2000年には33,024gであったのが、10年後の2010年には48,894gに増加している。鶏肉の購入量も2000年には11,520gであったが2010年には15,732gに増えている。ほかの地域では2000年の5年後の購入量は減少しているが、島根県ではその減少がみられない。鶏卵の購入量も2000年には32,825gであったのが、2010年には35,827gに増えている。市販のやきとりの購入金額は、2000年には2,022円であったのが、2010年には1,662円に減少している。

　出雲の人々の県民性として伝統を重んじる習慣が強い。島根県の伝統料理は質素なものが多い。代表的伝統料理の出雲そば、箱寿司、ばら寿司、アゴ（トビウオ）料理がある。銘柄牛ではしまね牛、銘柄豚肉では石見ポークがある。江戸時代の松江藩主・松平不昧公は食いしん坊で有名であった。その殿様が好んだ料理が「スズキの奉書焼き」である。また茶道の盛

んなところで茶道につきものの松江の和菓子は知られている。

島根県の「鶏卵饅頭」は、鶏卵で作った白餡を包んだ和菓子で、慶弔のときに利用される。もともとは京都の和菓子であったが、島根県の店で作り方を受け継いでいる。

知っておきたい鶏肉、卵を使った料理

- **あごの厚焼き**　大社地方で獲れる"あご（飛魚）"のすり身を入れた厚焼き玉子。飛魚を"あご"とよぶようになったのは、松江藩主の松平不昧公が、飛魚を刺身にしても煮付けにしても顎が落ちるほど美味しいと言ったことに由来する。飛魚は島根県の県魚でもある。
- **島根牛みそ玉丼**　松江駅売り上げ1位の駅弁で、1901年創業の一文字家が作る。島根産コシヒカリに、出雲の天然醸造味噌と地酒で甘辛く炊いた島根牛、中央にとろとろの半熟卵が載っている。黄身がからんだ味噌炊き牛とご飯が美味しく癖になる。"石見ポーク"を使った「島根豚みそ玉とん」もある。

卵を使った菓子

- **鶏卵饅頭**　益田市の鶏卵堂が作る銘菓。益田の鶏卵をふんだんに使った生地に白餡を入れた一口大の大きさの饅頭。もともとは京都住吉製菓から製法を譲り受けて製造を開始した。「益田ブランド」に認定されている。
- **源氏巻**　山陰の小京都といわれる津和野町を代表する焼き菓子。小麦粉に砂糖、卵、蜂蜜を合わせた生地で、自家製の漉し餡を巻き、きつね色に焼き上げたもの。元禄時代、津和野藩に派遣された勅使に絡む問題を、機転を利かせて無事解決した故事に由来する。その時に使われた「お菓子で包んだ小判」を模して作られている。
- **俵まんじゅう**　出雲大社名物のカステラ饅頭。1898（明治31）年創業の俵屋菓舗が作る。縁結びの神様として知られる出雲大社の祭神の大国主命、その御姿は片手に打出の小槌を持ち米俵に座った大黒様。その米俵を模して作ったのが"俵まんじゅう"。小麦粉と卵、砂糖で作ったカステラ生地で口溶けの良い白餡を包んだ和菓子。昔から変わらない美味しさや包装紙が懐かしく地元で愛され続けている。このカステラ生地を焼いたのが"俵せんべい"。

Ⅱ　食の文化編

地鶏

- **天領軍鶏**　体重：雄平均3,500g、雌平均2,500g。自家醗酵飼料を与えるので、肉がよくしまり、コクのある味に仕上げている。平飼いで飼養期間は220日間と非常に長い。軍鶏を掛け合わせて作出。ササダ直販が生産する。

銘柄鶏

- **銀山赤どり**　体重：雄平均3,500g、雌平均2,500g。大江高山の麓の大自然の中で平飼いにし自家醗酵飼料を与えブロイラーの2倍以上の120日間飼育した赤鶏。鶏種はニューハンプシャー。ササダ直販が生産する。

たまご

- **えごまたまご**　専用飼料に県内産の「エゴマ」の種子を加えて産まれた卵で、α-リノレン酸が豊富。「エゴマ」はシソ科の植物で生活習慣病の改善に役立つα-リノレン酸が多く含まれている。旭養鶏舎が生産する。
- **石見の国 鬼村の昔卵**　昔ながらの放し飼いで、薬物、添加物なしの専用の自家配合飼料で飼育した純自然卵。清涼な沢の水、ビタミン豊富な緑餌、DHAたっぷりの魚で育てた活力ある安心な卵。七ツ松物産が生産する。

県鳥

ハクチョウ（カモ科）　大白鳥（Whooper Swan）と小白鳥（Bewick's Swan）の総称。冬鳥、全身白く、黄色い嘴の先と脚が黒い。嘴の黒い部分の大小で、大白鳥と小白鳥を見分ける。大きいのが小白鳥、小さいのが大白鳥。昔から知られており『日本書紀』にも記載がある。鳴き声の真似をして"コーイ、コーイ"と呼ぶと集まってくる。宍道湖と中海は白鳥の集団越冬地として全国的に有名。

汁　物

汁物と地域の食文化

　島根県の象徴ともいえる出雲大社の影響は、出雲の人に伝統文化を重んじる考えを持ち続ける気質を植え付けているともいえる。弥生時代のなかばにあたる2世紀から、出雲地方では古代文化が栄え、その文化をもとにして、出雲大社に祀られた「大国主命に対する信仰」がつくられたといわれている。現在でも、出雲人の信仰心の高いのは出雲大社の存在によると考えられている。

　江戸時代には、出雲の大部分と隠岐の島は松江藩領となった。1767（明和4）年に第7代松江藩主となった松平治郷（不昧公）は、茶の湯を好み、文化の振興に尽くした。島根県の和菓子は、茶の湯の発達に伴い生まれたものである。

　縁結びの神として崇拝されている出雲大社の「出雲」は、「雲のよく出るところ」に由来しているとの説がある。何となく神秘的で、古くからの食生活が発見できる地域のようにも思える。江戸時代から現在の松江周辺に伝統野菜の津田カブや黒田セリをはじめ、現在の高級野菜を栽培している。松江藩の7代目藩主・松平不昧公は茶人であり、不昧公は茶懐石に必要な和菓子作りを奨励したという粋な人物であったので、現在の島根県の郷土料理にも何らかの影響を及ぼしたと思われる。

　宍道湖の名物のヤマトシジミは、味噌汁や澄まし汁にして食べる。宍道湖のシジミは宍道湖の7つの珍味（ワカサギ、ウナギ、コイ、シラウオ、スズキ、エビ、シジミ）の一つとして珍重されている。津和野地方は良質のサトイモがとれるため、サトイモをメインとした郷土料理の「のっぺい汁」は、サトイモの他、イノシシ、ヤマドリの肉、ダイコン、ニンジン、ゴボウ、シイタケ、豆腐を一緒に煮込み、あんかけ風にしたものである。サトイモを素材にするのがこの地方の「のっぺい汁」の特徴となっている。

　出雲地方の郷土料理の一つである出雲そばを、大社の門前のそば屋で食

べるのが庶民の楽しみであり、「神在祭」には、神社の周りには屋台のそば屋が立ち並ぶというから、そばが地域の産業・文化の振興に目立たない立場で関係していたと考えられる。宍道湖のシジミ、松江藩の第7代藩主松平不昧公の茶人が求めた和菓子、トビウオのアゴ焼きなど郷土料理には地元の材料を活かしたものが多い。

汁物の種類と特色

汁物としての郷土料理には、山間部ではたんぱく質源として重要な大豆の「呉汁」や、「岩ノリの雑煮」、宍道湖の「シジミのみそ汁」、乾燥した茶の花を入れた「ぼてぼて茶」、津和野地方の「のっぺい汁」、塩鯨と大カブを入れた「鯨の大カブ汁」、干したアユとダイコン、ゴボウなどの野菜を「へか鍋」という鉄製の平鍋で作る「鮎部火」、ブリの粗でダシをとった汁に味噌で味をつけ、スイバを入れた「すいば汁」、隠岐で獲れるズワイガニ（隠岐松葉ガニともいう）のみそ汁の「隠岐ガニ粗汁」がある。

食塩・醤油の特徴

❶食塩の特徴

島根県は江戸時代から塩づくりを営んでいたので、「塩」のつく地名や姓が多いと伝えられている。出雲市の須佐神社の境内に湧き出ている水は塩井（しおのい）といわれ、塩分を含んでいる。現在、高田商事が島根県外の地域で作った食塩を県内に流通している。

❷醤油の特徴

松江市の平野醤油醸造元の「こだわり熟成醤油」「根昆布醤油」は、豊かな味わいのある醤油といわれている。甘露醤油、淡口だし醤油なども製造している。1938（昭和13）年創業の吉岡醤油は、濃口醤油やめんつゆを製造している。シジミのエキスの入った「しじみ醤油」は、井ゲタ醤油が製造している。

1992年度・2012年度の食塩・醤油・味噌の購入量

▼松江市の1世帯当たり食塩・醤油・味噌購入量（1992年度・2012年度）

年度	食塩（g）	醤油（mℓ）	味噌（g）
1992	3,527	12,504	6,724
2012	1,449	7,085	5,705

▼上記の1992年度購入量に対する2012年度購入量の割合（％）

食塩	醤油	味噌
41.1	56.7	84.8

　松江市の食塩の購入量は、1992年度、2012年度とも中国地方では多い。郷土料理の押しずしや笹巻きずし、角ずし、箱ずしを家庭で作るための食塩の購入が、他の県庁所在地よりやや多いのかもしれない。

　味噌の購入量は1992年度に比べて、2012年度の購入量は約85％である。このことは、塩分の摂取を控えながらも、味噌汁づくりは家庭の味として続けられていることを示している。

地域の主な食材と汁物

　出雲地方の農業はコメを中心に栽培している。野菜は山の傾斜地を利用して栽培されているものもある。キャベツは夏は冷涼な山地で、冬は温暖な低地で栽培するなど、野菜類の生育の適性を活かした栽培方法がとられている。漁業は隠岐の島を中心に活動し、日本海の幸に恵まれている。宍道湖に棲息する魚介類の中には「宍道湖七珍」とよばれている味の良いものが獲れる。

主な食材

❶伝統野菜・地野菜

　津田カブ、黒田セリ、出西ショウガ、秋鹿ゴボウ、キャベツ、素麺カボチャ、ネギ（青ネギ、白ネギ）、タマネギ、トマト、ほうれん草、サヤインゲン、ピーマン、ブロッコリー、アスパラガス

❷主な水揚げ魚介類

　アジ、イワシ、サバ、ブリ、イカ類、アマダイ、トビウオ、アカムツ、ズワイガニ、イワガキ

❸食肉類
隠岐牛

主な汁物と材料（具材）

汁 物	野菜類	粉物、豆類	魚介類、その他
宍道湖シジミ汁			シジミ　調味（食塩／味噌）
のっぺい汁	ダイコン、ニンジン、ゴボウ、サトイモ、ネギ	片栗粉	コンニャク、調味醤油
隠岐がに粗汁			隠岐がに
鯨の大かぶ汁	カブ、ニンジン、ネギ		はんぺん、塩鯨、（味噌仕立て）
あゆべか	ダイコン、ゴボウ、タイ菜、広島菜、ナス、キノコ	干しアユ、豆腐	コンニャク、調味（醤油／赤砂糖）
ふら汁	ダイコン、サトイモ	豆腐	塩シイラ（塩ブリ）、コンニャク
すいば汁	スイバ		ブリ
けんちん汁	サトイモ、ニンジン、ゴボウ、キノコ	焼き豆腐、生豆腐、油揚げ、小豆、カチ栗、片栗粉	コンニャク、鶏肉、油脂、調味（赤砂糖／醤油）、みりん
こくしょう汁	ダイコン、干瓢、シイタケ	片栗粉、焼き豆腐	

郷土料理としての主な汁物

- **呉汁**　山間部の町では、大豆は貴重なたんぱく質供給源である。昔から豆腐、厚揚げ、納豆などいろいろな料理を工夫して作ってきている。この地方の呉汁は、水に浸漬した大豆を擦り潰したものではなく、大豆の粉を水に溶かし温めた汁物である。粉末の大豆は保存ができ、いつでも簡単に作れる呉汁である。

- **白魚の澄まし汁**　宍道湖の七珍味は「スズキ、モロゲエビ、ウナギ、アマサギ（＝ワカサギ）、シラウオ、コイ、シジミ」である。その白魚と高菜、卵の澄まし汁である。卵は白魚の卵とじに使われるので相性の良

い組み合わせである。
- **シジミ汁** 宍道湖の七珍味に属するヤマトシジミの味噌汁である。最近は、宍道湖の生のシジミをプラスティックフィルムで包装し、真空パックにし、冷凍で流通している。家庭の朝ご飯には必ずシジミの味噌汁が出る。また、スナックでも供されることがある。
- **ぼてぼて茶** 乾燥した茶の花を入れて煮出した番茶を丸みのある筒茶碗に注ぎ、長めの茶筅で泡を立てる。この時の音が「ぼてぼて」と聞こえることから「ぼてぼて茶」の名がある。泡を立てた茶の中に、具としておこわ、煮豆、きざんだ高野豆、漬物などを、少量ずつ入れて食す。箸を使わずに、茶と具を一気に飲み、具を食べる。
- **けんちん汁** 邑智郡の地域の「けんちん汁」は仏事の時も、お祝いの時も、寒い日も惣菜として作る。この地方のけんちん汁の特徴は、具にはイモ類や野菜類だけではなく、かち栗、小豆を入れることである。小豆やかち栗は、砂糖や醤油で下味をつけてからけんちん汁の具に合わせる。
- **こくしょう汁** こくしょうは「濃漿」と書き、濃い味噌汁の意味で、法事や忌日の精進料理に、茶飯と合わせて供する。
- **のっぺい汁（濃餅汁）** 津和野地方から各地に伝えられた料理である。もともと津和野地方では良質のサトイモがとれること、山鳥やイノシシが捕獲できることから、野菜や肉を入れて煮込み、あんかけ風に仕上げたものである。津和野は山に囲まれているので、イノシシや山鳥の捕獲は容易であったから、それらの肉を利用した。現在は、豚肉や鶏肉を使っている。
- **鯨の大かぶ汁** 熱湯をかけて脂肪を抜いた塩クジラ、はんぺん、ニンジンを煮込み、味噌仕立ての汁である。斐川町（ひかわ）では、大晦日の晩に、「大きくなるように」と願いながら食べる。
- **あゆべか** 邑智郡地域のアユの鍋物。へか鍋（鉄製の平鍋）に、干したアユ、ダイコン、ゴボウ、体菜、広島菜などと一緒に煮込み、醤油や砂糖で味を調える。冬に、家族そろって食べる郷土料理。
- **すいば汁** 出世魚のブリを使うので縁起の良い汁物といわれている。津和野町地区の郷土料理。ブリの粗のだし汁に、ブリの身と酸味のある「すいば」と一緒に煮る。高級な魚を食べる城下町の格式が、町の人々の暮らしにみえる一品といわれている。

- ふら汁　五箇村では、大晦日の夜には塩シイラと塩ブリを使った「ふら」という椀が膳にのる。「ふら」とは、法事に使う平椀に入れる煮しめのことで、この煮しめの汁を多くしたのが「ふら汁」という。塩シイラや塩ブリはわらづとで包んで保存する。この塩魚と野菜を一緒に煮込む。汁味は、塩魚の塩味で調える。

【コラム】和食の成立と食の多様化

出雲大社を擁する島根県は日本発祥の地といわれているから神秘的な謎も隠れているのではないかと想像できる地域である。戦国時代のような国内の争いを経由しながら、やがて近代化に向かって進化して行った。日本の文化は江戸が中心となって成熟した。その成熟期は江戸時代（1603［慶長8］〜1868［慶応4／明治元］年）の265年間であった。文学や芸能だけでなく、料理文化の成熟もこの時期に始まった。料理文化は、外食の発達とともに確立して行った。江戸の町には料理屋や居酒屋が出現した。そこでは、会席料理を多様に展開させることになった。参勤交代により街道沿いの旅籠や茶店でも飲食ができるようになり、庶民のハレの食事は、前代に比べて大きく変わった。江戸中期を過ぎると、城下や宿場で菓子が売られるようになった。しかし、砂糖は輸入しなければならず、貴重なものであったから庶民にとっては高根の花の存在であった。江戸中期には、輸入しなければならなかった砂糖が料理に使われるようになったことは、料理文化の発達の上では画期的なことであったのである。

伝統調味料

地域の特性

▼松江市の1世帯当たりの調味料の購入量の変化

年　度	食塩 (g)	醤油 (ml)	味噌 (g)	酢 (ml)
1988	4,281	22,401	9,536	3,669
2000	2,398	9,921	6,600	2,434
2010	1,241	9,026	6,394	2,617

　島根県は、旧国名の出雲、石見と日本海に浮かぶ離島の隠岐が合わさってできたものである。出雲の文化は出雲大社に祀られている大国主命信仰によって形成されたと伝えられている。出雲の人々の出雲大社に対する信仰心は高く、伝統を重んじ道徳心も高い。この信仰心や道徳心は、石見、隠岐にも広がり、結果として島根県民は郷土意識が強いといわれている。

　島根県は、日本海に面しているので日本海で漁獲される海の幸に恵まれているが、陸部は山地が多く、平野部は少ない。山がちな地形を利用した野菜や雑穀の栽培が多い。島根半島が日本海に張り出し、基部には中海、宍道湖がある。山の幸、海の幸、湖沼の幸に恵まれた地域である。

　島根県の東部に位置する宍道湖は、淡水と海水が混ざり合った汽水湖として知られている。日本では7番目の大きさの湖で、魚介類が豊富に漁獲される。とくに、シラウオ・シジミ・コイ・スズキ・ウナギ・モロゲエビ・アマサギは「宍道湖の七珍味」といわれている。松江市の1世帯当たりの醤油や味噌の購入量が多いのは、これら宍道湖でとれるシジミをみそ汁にして食べることやシラウオの佃煮などの保存食をつくる家庭が多いのではないかと推測できる。宍道湖のシジミは、冷凍パックとなって市販され、島根県でなくても購入できるようになった。

　島根県の出雲の「出雲そば」は、ソバの実と甘皮を一緒に挽くため、色が黒っぽく、香りが豊かで、コシの強いのが特徴である。一般的には「割

り子そば」といい、小ぶりの朱塗りにした円形の浅い器に、茹でたそばをのせ、さらに薬味の刻みネギや海苔などを加え、濃い目の汁をうけて食べる。そばを盛った円形の朱塗りの器は、一度に数個を重ねて供される。それを一皿ずつ食べる。普通は３枚重ねてものが１人前であるが、そば好きの人は、何枚も挑戦する。汁は土佐のカツオ節でとっただし汁で濃い目で辛い。調味料面からは出雲そばに必要なのはそばだけでなく、カツオ節、濃口醤油であるのも特徴である。

島根県には「うどん豆腐」という郷土料理がある。そば豆腐ともいう。豆腐をうどんのように細長く切り、醤油・みりんで調味しただし汁でさっと煮る。白身魚・小エビを入れ、うどん豆腐をご飯にかけて食べる。調味料の面からは醤油・みりん・だしが必要となる料理である。島根県には、「出雲市十六島（ウップルイ）ノリという海藻の名物もある。また出雲ワカメは、焼き板海苔のようにして食べることもあるが、握り飯を包んだ「メノハ飯」という食べ方がある。メノハはワカメの意味である。握り飯の中には焼き魚のほぐしたものを混ぜるものもある。味付けには塩が欠かせない握り飯である。

松江特産の偏平な形のカブで、外側が赤く中身の白い「津田蕪漬け」はぬか漬けの一種で、明治維新までは松平藩の専用の漬物で、庶民は食べられなかったと伝えられている。

知っておきたい郷土の調味料

神話の里として名高い島根県は、古代の神々と酒を関連づけた物語が多い。酒の話が多いから酒造りに欠かせない水は醤油・味噌の製造品質にも影響する。島根県の地下水の水質はミネラル分の多い硬水であるためか、味噌や醤油の醸造会社は少ない。

醤油・味噌

- **水郷・松江のこだわり醤油**　広島県との県境の中国山地から流れてくる水は斐伊川にたどり着き、下流に出雲平野・松江平野を形成する。島根半島は日本海に張り出していて、基部には宍道湖や中海を形成しているので、水郷・松江といわれている。松江市の平野醤油醸造元が醸造した「こだわり熟成醤油」や「根昆布醤油」は、味わい豊かな醤油である。

甘露醤油「やくも紫」、珍しい「淡口だし醤油」も醸造している。同じく、松江市の森山勇助商店は2年半以上熟成させ木桶の香りが十分に溶け込んだ「木おけ生醤油」という濃口醤油を醸造している。

寛政元（1789）年創業の㈱大仲屋本店は濃口醤油などのほかに「酢醤油」を作り、販売している。㈲森田醤油店が島根県内の大豆、小麦を原料とし、仕込み水には奥出雲の清涼な水を使って醤油「むらげの醤」を作り、また「金山寺味噌」も製造している。

昭和13（1938）年創業の吉岡醤油㈲は「江の川」とその支流の「八戸川」に挟まれた地域にあり、味にこだわって醤油を作り、「大亀醤油」のブランドで「濃口うす塩醤油」「淡口醤油」「甘露醤油」を醸造・販売している。「万能醤油」は濃口醤油にカツオ節と昆布のだし汁を入れ、さらにみりんを加えてコクとうま味ももっている醤油である。刺身醤油としても卵かけ醤油として使われる便利なだし醤油の仲間といえる。柚子醤油はポン酢の一種で、かんきつ類として新鮮な柚子の果汁を加えて調製したものである。

- **しじみ醤油**　宍道湖産のシジミエキスの入った「だし醤油」。丸大豆、小麦、天然塩を使用し、2年間熟成した醤油に、宍道湖のシジミから「井ゲタ醤油」が独自の方法で抽出したジジミのエキスを混入したもの。香ばしく、豊かな香りのあるきりっとした味が残る醤油で、魚の煮つけにはみりんと組み合わせて利用されている。

麺つゆ

- **麺つゆ**　主に吉岡醤油㈲の製品「大亀醤油」が多くみかける。「甘〜いめんつゆ」（カツオ節、昆布、シイタケのだしを入れたもの）、「かつおだしつゆ」（カツオ節、昆布のだし）、「これ一本！」（カツオ節）がある。「甘〜いめんつゆ」や「かつおだしつゆ」は麺類の汁をターゲットに調製したものであるが、「これ一本！」は煮魚、煮物、丼もの、すき焼きのつゆをターゲットに調製したものである。

食塩

- **塩・製塩の会社**　出雲市に高田商事㈱がある。島根県以外の地域で作られた食塩の販売を行っている。

II　食の文化編

- **島根の塩の歴史** 島根県には塩のつく姓や地名が多い。遺跡から製塩陶土が出土している。江戸時代には古浦（現在は松江市に入る）で製塩業が行われていたが、それに対する税の取り立てに苦しみ、決して楽な仕事ではなかった。
- **塩井（しおのい）** 現在、出雲市に含まれている「塩井」は、須佐神社境内に湧き出す井戸のことである。塩分を含んでいて万病に効くことや産湯によいといわれ、少し使えば健康な子どもに育つと信じられていた時代もあった。

ドレッシング・食酢

- **ゴマドレッシング** 炒りゴマの香ばしさとトロットしたなめらかさがある。主として大亀醤油の製品が多くみかける。
- **ロースビネガー** 松江市の松島屋は「こだわり醤油」の他に米酢も醸造している。この食酢も「薔薇（ばら）を飲むお酢」（ローズビネガー）の名でこだわりの食酢として注目されている。このバラの食酢は、島根県産のバラの花弁を漬け込んだデザートビネガーで、鮮やかな色をしていて、バラの香りがほのかに感じる米酢である。

郷土料理と調味料

- **シジミ汁と味噌** 島根県の宍道湖は淡水の湖で魚介類が豊富である。とくに美味しい魚介類は「宍道湖の7つの珍味」といわれている。アマザキ（ワカサギ）・ウナギ・コイ・シジミ・シラウオ・スズキ・エビが7つの珍味である。宍道湖のヤマトシジミは、貝殻が大粒で、美しく泥くささがなく、1年中とれる。冷凍技術が発達してから、真空パックにし、冷凍またはクールで運送できるようになった。泥を吐かせてから使用するとよい。泥を吐かせてから一度冷凍保存すると、シジミのうま味成分のアミノ酸や機能性成分のオルニチン（アミノ酸の一種）が増加するといわれている。シジミ汁はシジミのエキス分と味噌のアミノ酸とが合わさって美味しさが倍増する。また味噌の匂いがシジミの淡水特有の臭みもマスキングしてくれる。
- **出雲そばと麺つゆ** 出雲そばは「割り子そば」ともいう。そば粉は甘皮

も一緒に挽くので、甘皮の香りも楽しめる。茹でたそば切りは、割り子という丸い朱塗りの木製の器にのせて、三段とか五段に重ねて供される。麺つゆは、土佐のカツオ節のだし汁を入れた濃い目で辛い。薬味は刻みネギ、紅葉オロシ、もみ海苔などを1つひとつの割り子にのせて、そばの香りと味、だしのうま味を味わいながら食べる。

発　酵

八岐大蛇（やまたのおろち）八塩折の酒

◆地域の特色

　旧国名は出雲国、石見国、隠岐国であり、現在でも出雲地方、石見地方、隠岐地方の三つの地域に区分されることが多い。人口は鳥取県に次いで2番目に少ない。全域が日本海側気候であるが、日本海側気候の地域としては最西南端にあるため比較的温和な気候で沿岸部に豪雪地帯はない。しかし年間を通じて湿度が高く、降雨回数も多い。

　農業生産額の割合では、米が全生産額の33.3％で最も多く、野菜が16.2％、乳用牛が13.7％、肉用牛が13.6％を占めている。特産品としては米、ブドウ、西条柿、牛肉、メロンなどがある。

　日本海に面していて漁業が盛んで、中国・四国地方で最も漁獲量の多い県である。2010年の調査では、ベニズワイガニの漁獲量が5163トン、ブリ類の漁獲量が1万7963トンで、ともに全国1位、アジ類の漁獲量は全国2位であった。また、宍道湖などで採れるシジミも有名である。

◆発酵の歴史と文化

　日本酒の源流は出雲にあり、といわれることがある。出雲地方は、日本海を挟んで中国大陸に面しており、古代より大陸からさまざまな文化、技術が伝えられてきた。『古事記』（712（和銅5）年）の上巻、『日本書紀』（720（養老4）年）の神代巻の半分までが出雲とその周辺を舞台にした出雲神話で占められている。その中に八岐大蛇という大蛇退治の話が登場する。須佐之男命が出雲国で八塩折の酒を造り、大蛇を酔わせて退治した。大蛇の尾からでてきた都牟刈の太刀は「天叢雲の剣」として皇位継承の三種の神器の一つになっている。この大蛇を酔わせた八塩折の酒とは、いったん発酵の終わった醪を搾って濾別した酒でさらに酒を仕込むという作業を繰り返した酒と考えられている。

　一般に旧暦の10月は神無月といわれるが、神々の集まる出雲地方では神

在月と呼ばれる。その集まる先は日本最古の社殿様式の出雲大社で、「大国主大神」が祭られており、縁結び、農耕の神、酒の神として親しまれている。ここでも毎年、神事とともに一夜酒と呼ばれる酒が仕込まれる。この地方でもう一つ、酒神の祖として祭られているのが『出雲国風土記』に登場する佐香神社である。『出雲国風土記』には佐香に神々が集まり、飲食物を煮炊きする調理場を建て、酒を造り、半年にわたり酒宴をしたという記述がある。この佐香神社では今日でも酒造りが行われている。島根県には弥生時代から脈々と続く多様な酒造りが伝わっており、「出雲は日本酒発祥の地」といわれる所以である。

◆主な発酵食品

醤油 濃口醤油のほかに、再仕込み醤油が造られている。普通の醤油は麹を食塩水で仕込むが、再仕込み醤油は、食塩水の代わりに醤油で仕込んだもので、色、味、香りすべてが濃厚であり、刺身、すしなどに適している。松島屋(松江市)、矢田醤油店(安来市)、森田醤油店(仁多郡)などで製造されている。しじみ醤油は、井ゲタ醤油(出雲市)がシジミの旨みを活かした醤油を造ろうと考案したものである。その他、卵かけご飯専用の醤油が吉田ふるさと村(雲南市)、安本産業(松江市)などで販売されている。

味噌 中木屋本店(大田市)、安本産業(松江市)、やさか共同農場(浜田市)、井上醤油店(仁多郡奥出雲町)などで、仁多米を使った米味噌、金山寺味噌などが造られている。小醤油味噌は、隠岐島の海士町で造られている独特の調味料で、そのままおかずとして食べられるなめ味噌である。蒸した小麦と鍋でから煎りした大豆を合わせて麹を造り、これをかき混ぜて、水、塩、みりんを加え、1カ月間熟成させて造られる。

日本酒 きれいな水を育む自然豊かな島根では、酒造りに適した米が収穫でき、県内には30ほどの酒蔵がある。今日の出雲の酒も比較的濃醇であるタイプが多く、数千年の時代を超えた文化を感じさせる。

室町時代の製法を復元し、精米歩合90%の白米を用い、生酛仕込みで醸造した純米酒を造っている隠岐酒造(隠岐の島町)、1866(慶応2)年創業で、第74代内閣総理大臣竹下登の生家でもある竹下本店(雲南市)のほか、李白酒造(松江市)、米田酒造(松江市)、吉田酒造(安来市)、木次酒造(雲

南市)、旭日酒造(出雲市)、富士酒造(出雲市)、一宮酒造(大田市)、玉櫻酒造(邑智郡)、右田本店(益田市)などがある。

地伝酒（じでんしゅ）　出雲地方で古くから生産されている灰持酒（あくもちざけ）で、今でも米田酒造(松江市)で造られている。一般的な日本酒が加熱殺菌で保存性を高める酒(火持酒)であるのに対し、灰を投入して酒を中和させて保存性を高めたもので、素材の持ち味を活かす調味料として郷土料理に使用される。同様の灰持酒には、熊本の赤酒、鹿児島の地酒がある。

煎り酒　江戸時代に、塩漬け梅と鰹節に酒を加え、釜でじっくり煮込んで造られた煎り酒が調味料として広く利用されていた。丸新醤油(益田市)が伝統的な製法を復活させて販売している。

焼酎　ワカメなどの海藻を原料とした、磯の香りが感じられる海藻焼酎が隠岐酒造(隠岐の島町)で、奥出雲産のシモン芋を原料に使った芋焼酎が簸上清酒(仁多郡奥出雲町)や一宮酒造(大田市)で造られている。

ビール　クラフトビールとして、松江地ビールビアへるん(松江市)では、小麦ビール、スタウトなど、石見麦酒(江津市)では、江津市で自然栽培された大麦と老舗麹屋が作る麹を丸ごと仕込んだベルジャンホワイトなどが造られている。

ワイン　出雲大社の側にある島根ワイナリー(出雲市)は、1986(昭和61)年に創設された島根県で最も歴史のあるワイナリーである。ワイナリー奥出雲葡萄園(雲南市)は、「自然との共生」をポリシーとし、土地の生態系に配慮したぶどう栽培を行い、食事に合うワインを製造している。国立公園「三瓶山」の麓に、2018(平成30)年にオープンした石見ワイナリー(大田市)は、自社農園でのブドウ栽培、ワイン醸造を行っている。国立公園の中にワイナリーができたのは日本初である。

柿酢　松江市などで収穫された西条柿を、酵母によるアルコール発酵、その後、天然の酢酸菌による酢酸発酵を行い、3年以上寝かせることで造られる。

うるか　高津川で獲れた天然アユのはらわたと身に塩を加えて3年以上じっくり発酵させ、苦味、渋み、旨みが調和したものである。

鯖の塩辛　松江市の漁師町、美保関地方で、古くから保存食として食べられていた。材料はぶつ切りにした鯖と塩のみで、継ぎ足している塩辛のタレに材料を入れ、半年以上かけて発酵、熟成させる。

津田かぶ漬け　　江戸時代から栽培されていた赤カブの一種である津田カブを、天日干しの後糠味噌に漬けたものである。鮮やかな色合いとカリッとした食感が特徴で、松江市などで作られる。

イカの麹漬け　　スルメイカを数日干して乾燥させたものを細く刻み、米麹、醤油、焼酎を混ぜた醪に漬け込み1週間ほど熟成させる。

チーズ　　木次乳業(雲南市)では、モッツァレラチーズ、ゴーダチーズ、プロボローネなどが、しまねおおなんチーズ工房(邑智郡)では、リコッタチーズ、のどぐろだし醤油漬けモッツァレラなどが作られている。

◆発酵食品を使った郷土料理など

ナスのうるか煮　　砂糖と味噌で味を調えただし汁にナスを入れて煮立て、うるかを加えて煮たもので、高津川の清流が育んだ郷土料理である。

鰐料理（わにりょうり）　　仁多郡奥出雲町の横田周辺で食べられる郷土料理である。鰐とはサメのことで、生のまま刺身として食べるほか、湯引きして酢味噌で和えて食べる。広島県の備北地域や鳥取県日野郡日南町でも同様のものがある。

◆特色のある発酵文化

広瀬絣（ひろせがすり）　　安来市広瀬町で、江戸時代から続く絣である。藍建て発酵により藍染めをし、手織りで丹念に織り上げるという手間がかかるもので、弓浜絣、倉吉絣と並ぶ山陰の代表的な絣である。島根県の無形文化財に指定されている。

◆発酵にかかわる神社仏閣・祭り

佐香神社(松尾神社)(出雲市)　どぶろく祭り　　『出雲国風土記』(733(天平5)年)に「佐香の河内に、(中略)酒も醸させたまいき」と書かれていることから、酒造り発祥の地といわれ、酒造りの神として知られている。古くから、年1石(180ℓ)の酒造りが許可されており、毎年10月の秋季例祭には地元杜氏が「どぶろく」を製造し、奉納する。当日は、今年最初の「どぶろく」が御神

酒として振る舞われる。

万九千神社（出雲市）　全国から、神在月に出雲大社に集まった神々が、神在祭が終わった後、「直会」といって神たちが宴会を行う神社である。お酒を楽しむ神たちの大きな絵馬が飾られている。

出雲大社（出雲市）　古伝新嘗祭　その年の新穀を神前に供え、国家繁栄、五穀豊穣を祈念する祭儀である。出雲国造が奉仕する祭りの中で最も重要なものの一つで、11月23日の夜に行われる。宮司による四方拝、相嘗（神々との共食）、歯固め、百番の舞、お釜の神事などがあり、相嘗の儀には御饌井の水で仕込まれた一夜酒が使われる。

◆発酵関連の博物館・美術館

かけや酒蔵資料館（雲南市）　第74代内閣総理大臣竹下登の実家として知られる、1866（慶応2）年創業の竹下本店の酒蔵が雲南市に寄贈され、2005（平成17）年から古い酒造りの道具などが公開されている。生家に隣接して竹下登記念館が併設されている。

高砂酒蔵資料館（鹿足郡）　江戸時代〜昭和初期までの酒造りに関する道具、酒器などが展示されている。

◆発酵関連の研究をしている大学・研究所

島根大学生物資源科学部生命科学科食生命科学コース　コエンザイムQ10の発酵生産など、酵母などを用いた研究が行われている。

発酵から生まれたことば　味噌っかす

本来は、味噌を濾した後のかすのことである。役に立たないということから転じて、子どもの遊び仲間にも一人前に扱ってもらえない小さい子どものことをいうようになった。

和菓子 / 郷土菓子

ぜんざい

地域の特性

　中国地方の日本海側に面し、山陰地方の西部に位置している。県庁の所在地は松江市で、離島の隠岐島や竹島も島根県の領域である。気候は日本海側気候であるが、沿岸部の冬季は曇りや雨が主で、降雪は内陸部に多く、冬季においては季節風が強い。

　県域は旧国名の出雲国・石見国・隠岐国から現在も3地域に分かれている。神話の舞台となった出雲には出雲大社を筆頭に格式高い古社があり、石見には万葉の歌人・柿本人麻呂が国司として赴任して来ていた。石見の美しい情景が数々の歌に残されている。また、隠岐には都の流人とともに中央の文化が伝えられていた。

　3地域それぞれ異なった文化や歴史を築いているが、出雲地方が比較的平穏な歴史を歩んだのは松江藩の支配の所産であった。特に7代藩主・不昧公の果たした役割は大きく、大名茶人であった不昧公のセンスのよさが各方面に発揮され、今日の松江の菓子文化も不昧公によっていた。

　松江は京都、金沢とともに"3大和菓子処"。総務省統計局の「平成19年家計調査報告書」によると、大都市圏以外で多い和菓子の消費金額をみると、1位は金沢市で次いで2位が松江市となっている。松江市民は、朝食がわりに抹茶とお菓子という人も少なくない。松江には今日なお、不昧公の茶の湯文化と和菓子文化が継承されている。

地域の歴史・文化とお菓子

神の国出雲の「神在餅」と松江のスイーツ

①名君松平不昧公と名臣朝日丹波

　「不昧公」「不昧さん」と、松江の人々に親しくよばれるのは松江藩7代藩主・松平治郷公（1751～1818）で、号を「不昧」と称した。江戸に生

まれ17歳で藩主となったのだが、当時の松江藩は極貧の財政で、6代宗衍(不昧公の父)は1両の金子にも事欠き、小姓が江戸の町に調達に出たが貸してくれるところがなかった。そして、耳にするのは「出羽様(松江藩)御滅亡」の噂ばかり。平伏する小姓に、宗衍は涙をはらはらと落としたという。

そんな藩を継いだ不昧公だが、名臣・朝日丹波の助勢によって立派に立て直すことができたのである。手荒いこともやったようだが、まず借金の整理、公費節約、薬用人参などの産業振興……と腕を振るい、藩財政は好転し、松江藩18万6,000石の中興の祖となった。200年を経た今でも、松江には不昧公の影が見え隠れしている。

②不昧公の茶の湯

不昧公が茶の湯を始めたのは18歳のときで、翌年江戸・麻布の天真寺で禅の修行を積む。「不昧」の号はこのとき授かったもの。「茶禅一味」を身で示し、後に茶道「不昧流」を完成させる。若い頃は「釜1つ持てば茶の湯は足る」といっていたが、後年は優れた茶道具の蒐集家となった。そのきっかけは、藩の財政が好転しつつあるとき、朝日丹波が苦労して貯えた金銀を不昧公に見せたことで、安心して名器蒐めをしたという。朝日丹波は「一代の失策だった」と悔やんだというエピソードが伝わっている。

③不昧公と松江の3大銘菓

武士の嗜みであった茶の湯が、松江では町衆の間にも広がった。茶の引き立て役の菓子も、松江では独自の菓子文化として発達し、今日まで「不昧公好み」という菓子が伝えられて庶民の生活に浸透している。

茶の菓子は、口当たりがさらっとして、口中で溶け、後味の残らないものを佳とした。また、花鳥風月を尊ぶ中で、茶事の風趣に合わせ、季節を詠み込んだ和歌の一節から菓銘とするといった、優雅な趣向を凝らすようになる。不昧公好みの3大銘菓は、それらを兼ね備えていた。

- 山川　紅白の落雁で薄紅は紅葉、白はせせらぎを表している。「ちるは浮き　散らぬは沈む　紅葉はの　影は高尾の　山川の水」という不昧公の歌からの命名である。1890(明治23)年創業の風流堂2代目が復元した。上白糖に寒梅粉を用い、しっとりと口溶けがよく、ほのかな塩味がする。日本3大銘菓のひとつである。

- 若草　「くもるぞよ　雨降らぬうちに摘みてこむ　栂尾山の春の若草」

という不昧公の歌からの命名。不昧公がまとめた茶道の手引書『茶事十二ヶ月』に春の主菓子とされたもの。1874（明治7）年創業の彩雲堂の初代善右衛門が古老や茶人の言い伝えをもとに復活させた。奥出雲・仁田産のもち米を使った求肥に緑色の寒梅粉のそぼろをまぶしてある。

- **菜種の里**　「寿々菜咲く　野辺の朝風そよ吹けば　とひかう蝶の　袖そかすそふ」の不昧公の歌による菓銘である。春の菜畑を思わすように、クチナシで鮮やかに染めた黄色の打ち物。玄米の白い煎（はぜ）が、飛び交う蝶を表している。明治以降絶えていたが1929（昭和4）年に三英堂が製法を復活させた。口に入れるとほろりと溶ける軽やかな食感である。

④出雲の「神在（かみあり）祭（まつり）」と「ぜんざい」

出雲は「ぜんざい」発祥の地、ということで、出雲市には「日本ぜんざい学会」というのがあり、最近は「B級グルメ」（庶民的な郷土の食べ物）のスイーツとして大いに人気を博している。

そもそもなぜ出雲で「ぜんざい」かというと、旧暦10月を「神無月（かんなづき）」といい、全国各地の神々が出雲に出かけられるのであるが、そのため出雲地方では10月を「神在月（かみありつき）」といった。八百万の神々は寄り集まって男女の縁組などの相談をするといわれ、出雲の各神社では「神在祭（かみありまつり）」、つまり「神在祭（じんざいさい）」が行われた。そして、各地の神々がお帰りになるのが「神等去出祭（からさでさい）」で、この日は餅を搗き「小豆雑煮」を作り神棚に供えた。それを「神在餅（じんざいもち）」といい、その「じんざい」が出雲弁が東北弁に似ていて「ずんざい」になり、さらに転訛して「ぜんざい」になって京都に伝わったという。

⑤「ぜんざい」あれこれ

ぜんざいの語源には、仏教用語の「善哉（ぜんざい）（よきかな）」を由来とする説があり、一休宗純（1394〜1481）が、餅入りの小豆汁を最初に食べた時美味しかったので「善哉、善哉」と叫んだことからの名称ともいわれる。「善哉」はサンスクリット語の「素晴らしい」を意味する漢訳でもあった。

しかし、出雲では依然として「ぜんざい発祥地」としている。もっとも出雲や鳥取の一部、四国の香川県などでは正月に「小豆雑煮」をいただく風習がある。小豆は神祭りと深い関係があり、小豆を食べる日は神や先祖を迎え「斎（いつ）き祀る日」である。この日のために精進潔斎して忌籠（いみこも）り神に仕えるわけで、後述するが「神在祭」は別名「お忌祭（いみまつり）」というように、こ

の祭りに小豆を食べることは当然で、「アヅキ」はすなわち「イツキ」から出た名前ともされるのであった。

「神在餅」と「ぜんざい」については、江戸時代の書物『祇園物語』『梅村載筆』『雲陽誌』などにも記されている。

⑥神在祭の神秘性

出雲の国土を統一した「佐太大神」を祀る佐太神社（旧鹿島町・現松江市）では、神在祭を「お忌祭」「お忌さん」ともいう。かつては旧暦の10月になると、出雲の人たちは全国の神々の集会に、不都合があってはいけないと、祭りの期間中（現在は短縮して新暦11月20〜25日）、神官のみならず土地の人たちまで歌舞音曲、造作、庭掃き、針仕事まで慎んだという。

この「お忌さん」の頃は「お忌荒れ」といってきまって海が荒れ、出雲の海岸部には"龍蛇さん"とよばれる南方産の背黒ウミヘビが黒潮に乗ってやって来る。龍蛇さんが打ち上げられると、八百万の神々が出雲に来られたと考えられ、出雲大社や佐太神社で厳かな「神在祭」が行われた。

⑦梅の若木で神々にご出発を促す「神等去出祭」

「神等去出祭」は、会議を行っていた八百万の神々が帰途に就く「神送り祭」で、出雲大社ではこの祭の日、神官が楼門の扉を三度叩き「お立ち〜、お立ち〜」と唱えると神々が出雲大社を去られるという。その後神々は斐伊川沿いに鎮座する万九千神社（出雲市斐川町）に立ち寄られ、宴を催された後、宮司が幣殿の扉を梅の小枝で叩きながら「お立ち〜」とここでも三度唱えて神々に出発を伝えたのである。

神々がお帰りになる「神等去出祭」の日、下々の家では神在餅、つまり「小豆雑煮」を作って神様にお供えし家族でいただいたのである。この「神等去出祭」の夜は、夜更けて外を出歩くと神々に出会い、「お尻を撫でられる」と昔の人は語り、慎む夜であったことを伝えていた。

「神在祭」は神の国・出雲の厳かな神事ながら、地元住民にしっかりと守られた地域の祭りでもあった。

行事とお菓子

①桃の節供の「花もち」「いがもち」

松江市周辺の地域では、今では新暦で雛節供を祝うがかつては月遅れの

4月3日に行った。桃も椿も咲いて花盛りである。子供の初節供には母親の実家から男児には冠をつけた金襴衣装の天神様、女児には同じく金襴衣装の内裏雛が贈られた。この日は男女の別なく祝い、雛段には菱餅、餡餅、炒り米、甘がゆ（甘酒）、そして「いがもち」が供えられる。

　鉄板で焼くいがもちは「花もち」ともよばれ、米の粉を団子に捏ね、小豆の漉し餡を包んでおく。別に団子の生地を取り分け、赤、緑、黄色と色を着け、素焼きの型に部分的に貼りつける。型は亀や鯛、花や巾着といっためでたい形で、これに餡を包んだ団子を型押ししてはずし、成形して椿の葉にのせて蒸す。出来上がると彩りよく赤や黄色が浮き上がり、まさに「花もち」である。初節供にはこの「花もち」と白と蓬の餅を、お祝いを貰った家に配る。現在は家庭で作る機会も少なくなったが、松江市内にはまだ、素焼きの型を販売する陶器店がある。

②春を呼ぶ美保神社の「青柴垣神事（あおふしがきしんじ）」

　この神事は春を待って毎年4月7日に行われる。かつては旧暦3月3日に行われていた。美保神社の祭神はエビス様で知られる事代主命（ことしろぬしのみこと）で、神話では高天原の神に国譲りをする。つまり、事代主命の「身隠（かく）し」（水葬）の儀式を伝える神事である。だが、神前に供える供物の中には3月節供の要素が色濃い。まず米の粉を捏ね彩色して作った山桃や柑子、ザクロといった果物、さらに米粉で鶴や亀、犬や猿、兎などの動物を模して作り油で揚げた「とりあげ」。これらを荒籠（あらこ）とよばれる竹製の籠に入れ、桃の枝を添えてお供えする。今日でも雛節供の菓子の中に「桃ひげ籠」があり、竹ヒゴで編んだ小さな籠に有平糖の桃が詰められている。格式高い神社の神事ながら、現在につながる雛菓子のルーツがあり、親しみ深いものがある。

③端午の節供の「かや巻き」と「かたりまんじ」

　月遅れの6月5日の節供には、隠岐島や美保関地方では粽はカヤの葉で巻くので「かや巻き」という。もち米の粉を捏ねて細長く丸め、最初はササの葉で包んで外側はカヤで巻き、シュロの葉を細く裂いてしばり、10個を1束にして茹でる。黄な粉や砂糖醤油で食べる。「かたりまんじ」のかたりは、サルトリイバラ（サンキライとも）の葉のことで、もち米の粉を捏ねて餡を包み、外側をかたりでくるんで蒸す。「かたりまんじ」は主に田植えの終わった"しろみて"や"泥落とし"に作る。

　また、石見の山間部では8月のお盆に「かしわもち」といって、サルト

Ⅱ　食の文化編

リイバラの葉で包んだ餅を作り、親類や近所に配った。

④冠婚葬祭・法事の引き出物に「法事パン」

　松江周辺の風習に、法事の引き出物にパンが使われる。かつては饅頭だったが、餡パンになりそれも塩餡だったが、現在はパンの詰め合わせである（静岡県の旧細江町では、葬式や法事の膳に「おひらパン」が出される）。

知っておきたい郷土のお菓子

- **姫小袖**（松江市）　創業250余年、松江藩御用達の一力堂（旧三津屋）の銘菓。かつては藩主の御用のみに作る「お留め菓子」。当店8代目が古い木型を見つけて復活させた。餡入りの打ち菓子で、紅白の綸子模様がある。
- **路芝**（松江市）　風流堂の銘菓。春先、草の上に積もった雪が溶けて行く様子を表した菓子、緑色に染めた餡を白ごま入り求肥で挟み、短冊形に切ってひとひねりしてある。松江藩主・不昧公のお好みの一品。
- **八雲小倉**（松江市）　風月堂の銘菓。雲をイメージして焼き色をつけたカステラ生地の間に、大納言羊羹を挟んだ棹物菓子。注文を受けてからその場で切って包むという昔ながらの売り方をしてくれる。
- **薄小倉・菅公子**（松江市）　桂月堂の銘菓。創業200年を誇る老舗で、「薄小倉」は秘伝の蜜漬けの極上大納言小豆を錦玉で流し固めた物。「菅公子」は近くの白潟天満宮の鼻繰梅に因んで梅肉入りの紅羊羹を、焼き皮で一文字に巻いた物。注文を受けてから作る。
- **来間屋生姜糖**（平田市）　創業300年という来間屋の名物。地元特産「出西生姜」と砂糖だけを使い、一子相伝で作る板状の生姜糖。碁盤の目のような筋目が入れてある。筋目ひとつ分の「ひとくち糖」も人気がある。
- **俵まんぢう**（出雲市）　俵屋菓舗の名物土産菓子。祭神・大国主命にあやかり、米に見立て白餡を包んだ俵型のカステラ饅頭。
- **高田屋羊羹**（出雲市）　出雲大社正門西側にある創業180余年の高田屋の銘菓。備中特産白小豆を使った紅白二色の羊羹で、参拝土産として知られる。
- **源氏巻**（津和野町）　津和野地方の郷土菓子。小豆の漉し餡を薄いカステラ生地で巻いた「餡巻」。粒餡、抹茶餡、ゆず餡があり各店で作られ

ている。
- **げたのは**（大田市）　世界遺産となった「石見銀山」の名物菓子。ここでは戦国期から昭和初期まで銀が掘られ、そこで働く人たちの疲れを癒した菓子で、小麦粉と砂糖を練って焼き黒蜜を塗って一晩乾かす。優しい甘さの伝統菓子で、鹿児島にも同じ菓子がある。
- **千鳥羹**（安来市）　坂田眞月堂初代が、松江藩御用菓子司三津屋惣七より学んだ寒天を使わず、備中白小豆を煉り揚げた棹もの。大納言小豆が千鳥を表現している。明治維新で絶えた献上菓子、東雲羹の製法を伝えている。安来市には歴史のある黒田千年堂の清水羊羹もある。
- **山川・若草・菜種の里**（松江市）　前出参照

乾物 / 干物

馬尾藻

地域特性

中国地方日本海側で山陰地方の西部をなす。松江市を県庁所在地に持ち、出雲地方、石見地方、隠岐地方の3つに大別される、それぞれが文化と歴史を持ち、特徴がある。鳥取県と接し、人口は70万人と鳥取県に次いで少なく、農業、工業共に産業は衰退が進み生産額も少ない。日本海に面し、水産業の中では漁業が盛んである。中国・四国地方では漁獲量は多い県である。日本海式気候で比較的安定した温和な気候で、豪雪地帯はない。松江市、出雲市など沿岸部は冬季は気温が低いが、太平洋側の京都府、大阪府などと比べてもほぼ同じで、温暖である。島根県は石見銀山が世界遺産に登録され、松江城、宍道湖、出雲大社、玉造温泉などに県外からの観光客が多く訪れるため、観光は大きな産業となっている。

知っておきたい乾物／干物とその加工品

奥出雲蕎麦　奈良時代（722年）、元正天皇が蕎麦を国の食糧対策の一環として公式に取り上げた。そのころから出雲地方でもソバ栽培が始まったようだが、本格的には江戸時代になってからのようだ。松江藩堀尾氏に嗣子がなく断絶したため、1638（寛永15）年に松平直正が信州松本から入封することになり、信州蕎麦職人を連れてきたのが始まりといわれている。その後、出雲蕎麦は江戸時代後期になって、「連」と呼ばれる趣味人が独自の食文化として普及させた。

＜特徴＞
① 割り子、釜揚げという形態。
② 色が黒っぽい灰緑色。
③ 蕎麦の香りが高い。
④ 腰が強い。
⑤ 出雲地区の地元蕎麦粉を使用している。

奥出雲地方仁多町、横田町（いずれも現仁田郡奥出雲町）を中心に、栽培されている在来種「横田小そば」を使用するのが特徴である。

　出雲蕎麦は「挽きぐるみ」といって、1〜3番粉まで混ぜ合わせて作るので、色が黒く灰緑色を呈す。この3番粉に含まれる甘皮がポイントで、甘皮は色が黒くなる原因であると同時に、香りやうま味が強く、腰の強さとなる粘りの素となっている。

　蕎麦の甘皮にはルチンというアミノ酸が、実の他の部分と比べ多く含まれている。ルチンはビタミンCと一緒になって毛細血管を強くし、脳溢血を防ぐ。さらに、甘皮は繊維質が多いため、体内の老廃物を排出させるので、各種健康食として普及している。出雲蕎麦は、小分けして小鉢に3つくらいにして出すのが特徴である。

十六島紫菜（うっぷるいのり）

　島根県出雲市平田町で真冬の荒れる日本海に面した危険な岩場に生えた岩海苔を手摘みし、乾燥したものである。天然高級岩海苔で、1300年前の『出雲国風土記』にその名が残る。朝廷に税として納められたとも記録がある。江戸時代末期、全国各地に出雲大社の参拝を広めた御師（おし）が、お札と一緒に配り、正月の雑煮に入れて食べるとその年の邪気を払い難病を逃れると広めたといういわれがあった。十六島紫菜は香りが強く、腰が強く繊維が特徴的で、出雲地方では雑煮、炊込みご飯、天ぷらなどに使われている。

焼板わかめ

　天然板わかめを手間をかけて丹念にあぶり（焼き）上げたものである。直火焼きで香りもよく、軽くもんで温かいご飯などにかけたり、そのままつまみや酢の物などで食べる。

島根あらめ

　コンブ科の海藻アラメは島根県の隠岐の島で採れる。よく水で洗い天日干しにした後、屋内でじっくりとねかせて熟成すると、渋味が取れておいしくなるのが特徴。カルシウム、食物繊維、βカロチンなどを多く含む。

ほんだわら

　ホンダワラ科の海藻であるホンダワラを乾燥した製品である。島根県隠岐郡知夫村、新潟県の佐渡地方、四国、九州にも多く分布している。一年草の雌雄異株で、浅い沿岸に生え、冬から春に成熟する。全長は1〜2mにもなる。アカモクやヒジキなどもホンダワラ科の仲間である。ほかの海藻と比べて体の仕組みが複雑で、気泡という浮き袋を持っているのが特徴。気泡の浮力で体を直立させている。一

般的には需要が少ないが、藻体の先の端の部分を酢の物などにして食べられている。

日本海側では食用として人気がある。呼び名が地域によって異なるが、正月に供える鏡餅の飾付けなどにも利用されている。枝葉にたくさんの気泡の実が稲穂を連想させることから、縁起ものとして扱われている。「穂俵」「神馬藻」「玉藻」などの和名がある。

島根くろもじ　クロモジの木は島根の里山に自生しており、主要産地である島根県美保関町では、「もち花茶」として用いる乾物である。クロモジはクスノキ科の樹で、葉は楕円形で裏面が白く、花は緑黄色で枝葉に黒い斑点が出てきて、それが「黒文字」に見えることから「クロモジ」と呼ばれるようになった。乾燥した枝葉を削ると、柑橘系の香ばしいハーブティー、漢方薬などとして使われている。

どんちっち干物　どんちっち「のどぐろ」、どんちっち「アジ」、どんちっち「カレイ」がある。どんちっちとは、島根県西部石見地方において伝統的に受け継がれている石見神楽の囃子（はやし）を表現する幼児言葉で、それが転じて石見神楽全体を意味するようになった。リアス式の地形と砂丘海岸が織りなす海岸線は美しい自然景観だけでなく、天然の良港という恵みももたらす。この地で捕れた新鮮な魚を一夜干しにした干物は、脂が乗って最高級品である。

Column

蕎麦の三たて　挽きたて、打ちたて、茹でたての3つを「蕎麦の三立て」という。採れたてを加えて四立てという人もいる。玄蕎麦を挽いたら早く蕎麦打ちし、早く茹で上げるのが秘訣である。

包丁三日、延し三月、木鉢三年　蕎麦打ちをするときの格言。修得するにそれだけかかるということだ。一番大事なのは最初の木鉢の工程（水回し、練り）で、ここで蕎麦の良否がほぼ決まってしまう。そのときの粉の状態、気温、湿度などの環境変化に対応しなければいけない。職人の勘が頼りである。

二八蕎麦　出雲蕎麦は2割がつなぎ（小麦粉）で、8割が蕎麦粉である。ルールはないが、これが一番バランスがよいとされている。近年は10割や5割などまちまちである。

Ⅲ

営みの文化編

伝統行事

出雲大社大例祭

地域の特性

島根県は、中国地方の中北部に位置し、日本海に面している。広島県との境に中国山地が広がり、標高1,000メートル前後の山々が連なっている。山地から流れ出る斐伊川は、下流に出雲平野・松江平野を形成する。日本海に張りだした島根半島には穴道湖がある。気候は、秋から冬にかけては曇りや雨の日が多く、季節風が強い。

江戸時代、松江藩の大梶七兵衛らによって斐伊川下流の荒木浜の開発が推進され、砂防林が植樹された。また、斐伊川からの用水路を掘削することによってあらたな農地が開かれ、舟運も盛んになった。

島根県西部は、石見地方。益田と浜田が農・漁業の集散地となっている。隠岐の島は、長い間流人の島であったが、近世になり西まわり運輸の寄港地として栄えた。

なお、伝統工芸では、出雲石燈籠、雲州そろばん、石州和紙、石見焼などがいまに伝えられている。

行事・祭礼と芸能の特色

とくに出雲地方は、古代文化発祥の地として知られる。358本もの銅剣を出土した荒神谷遺跡や出雲大社の存在が、そのことを証明する。また、『古事記』『日本書紀』の三分の一までは出雲が舞台となっているように、神話の国でもある。そして、その神話にもとづく神事や神楽が数多く現代にまで伝えられている。

旧暦10月を「神無月」というが、出雲では「神在月」という。八百万の神が諸国から出雲に集まる、とされるからである。この神在月には、神々の評定を妨げぬよう、とくに鳴物で騒ぐことを忌み嫌う習慣があった。したがって、ここでは神在月の行事は芸能が控えがちになっているのである。

島根県下での代表的な民俗芸能には、佐陀神能（鹿島町）、隠岐国分寺

蓮華会舞（西郷町）、大元神楽（江津市ほか）、隠岐の田楽と庭の舞（西ノ島町）、津和野弥栄神社の鷺舞（津和野町）、五十猛のグロ（大田市）、大土地神楽（大社町）などがある。

主な行事・祭礼・芸能

美保神社の祭礼

青柴垣神事　美保神社（松江市）で毎年4月7日に行なわれる神事。「御船神事」ともいう。祭神である事代主命が大国主命から国譲りの相談を受け、譲ることを承知した後、自らその責任をとって海中に青柴垣をつくって身を隠した、という故事にちなむ。事代主命の死と再生を表わし伝える。大国主命が国譲りの相談に向かうくだりを再現した諸手船神事（毎年12月3日）と対をなす神事である。

　当屋（頭屋）は、行事の前日から隠殿に籠って物忌潔斎に入り、断食をして行事に臨む。

　当日は、2隻の御船のまわりに青柴垣を設け、中に波剪の御幣を納めた唐櫃を据える。神職・当屋などがそれに分乗して、笛・太鼓を奏でる神楽船を従えて美保関港内を1周する。御船が戻ると、海岸には参拝者や見物客が群集し、御船の榊や注連縄、敷薦などを争って奪いとる。これを持ち帰ると航海安全の守りになる、という。

　神社からは、猿田彦面・天鈿女面の役が御船を出迎え、次いで、巫女が八乙女を従えて浜に降り、御船に分乗して巫女舞を舞う。終わると、諸員が下船し、田楽舞を先頭に行列を組んで本社に還御する。

諸手船神事　「青柴垣神事」（先述、4月7日）と対をなす神事である。12月3日に行なわれる。『古事記』の国譲りの神話に由来するまつりで、古式ゆかしい諸手船（くり船の古いかたちを残しているもの）2隻が美保関港から漕ぎだし、ときに「ヤアヤア」の掛け声とともに豪快に海水を掛け合いながら湾内を巡航する。

　諸手船神事で使者を務める舵子は、1隻につき9名。舵取り役の大櫂、その補佐役の大脇、船の舳先に立てるマッカ（木の鉾）を持つマッカ持ち、そして漕ぎ手の櫂子に役割が分かれる。神事につく氏子は、1年かけて禊を行なうが、乗船に際しては、当日宮司が神籤を引いて指名する。

Ⅲ　営みの文化編

指名された氏子総勢18名は2隻の諸手船に分乗し、太鼓の音とともに海へ漕ぎ出す。そして、美保神社の対岸にある大国主命を祀った客人社の近くまで進み、海上から拝した後、美保神社の方向に漕ぎ戻すことを3回繰り返す。2隻が競いながら港に戻ると、マッカを神前に捧げ、迎える宮司と問答を交し、天の逆手（拍手）を交わす。海上での神事の後は、真魚箸式という直会で終了となる。

出雲大社の祭礼

例大祭　毎年5月14日から3日間にわたって行なわれる。5月に行なわれるようになったのは明治時代以降で、それまでは、「三月会」と称して3月に大祭が行なわれていた。その盛大なようすは、鎌倉時代の文書に「山陰無双の節会、国中第一の神事」と記されていることからもうかがえる。なお、出雲大社の大祭は、天皇陛下の勅使が参向する「勅祭」である。

　5月14日、大祭に先立って松の馬場（参道）で「的射祭」が行なわれる。これは、神職が矢を放って悪霊を払うというものである。

　例祭は、本殿で行なわれる。主祭神、大国主命に神饌を供えた後、宮司（出雲国造）の祝詞が奏上され、次に勅使より天皇陛下のお言葉である「御祭文」が奏上される。

　例祭は、正午ごろに終了。その後は、境内で田植舞の奉納や流鏑馬神事などが行なわれる。

　翌15日には「二之祭」が行なわれ、神輿渡御、七座神事がみられる。また16日は「三之祭」で、獅子舞や伊勢大神楽が奉納される。

神幸祭　8月14日に禰宜によって奉仕される。明治4年の神社制度改正以前は、陰暦7月4日の夜更けに行なわれていた。

　この祭儀は、8月10日朝からの潔斎によってはじまる。禰宜は、斎館に籠って大社相伝の火燧杵・火燧臼で忌火を鑽り出し、この忌火をもって調理した斎食で別火の生活を期間中続ける。そして、11日夕刻には、稲佐浜に出て海水で身を清め、神事祭前日の13日の夜は「道見」を行なう。道見とは、翌日の神事の道筋の下検分である。

　禰宜が斎館を出る。先頭の2人が高張提灯を持ち、禰宜に付き添うように騎馬堤灯持ちが1人、禰宜の後ろには神饌を持った1人が従い、大鳥居を出る。そして、禰宜は、人力車に乗って町を通り抜け海岸の摂社の湊

社に詣で、赤人社にも詣り、稲佐浜に戻って塩掻島(しおかきしま)に至る。そこで、四方に向かって拝礼し、前の2社と同様の祭事を済ませて斎館に戻る。

翌14日は、いよいよ大国主命の神幸である。境内の諸門は開放される。午前1時、禰宜は、狩衣を着て右手に青竹の杖、左手には真薦(まこも)でつくった苞(しほ)と火縄筒、素足に足半(あしなか)を履き、本殿前で祝詞(のりと)を奏する。

前夜の道筋のままをたどり、2社の参拝と塩掻島の塩掻きをすませると国造館に入り、大広間に南面して設けられた祭壇を拝し、そののち本殿前に帰着し、再拝して神事は終わる。

古伝新嘗祭(しんじょうさい) 11月23日に行なわれる。国造(くにのみやつこ)(宮司)が大庭の神魂神社におもむき、その年の新穀を神前に供え、自らもこれを口にして神恩に感謝し、あわせて国家隆昌と五穀豊穣を祈願する祭儀で、国造の奉仕するまつりのなかでもっとも重要な意義をもつ祭典とされる。明治の神社制度改正以前は、旧暦11月申卯の日に行なわれていた。

新嘗祭当日は、祠官が境内末社の釜社から神釜を担ぎ出して、祭場の敷薦の上に安置して夜を待つ。

午後7時、祠官が祭場の外から斎館に向かって「オジャレマウ」と3回唱える。これは「お出ましあれ」という意味である。この声がかかると、国造は神職を従えて斎館を出て祭場に参進する。次いで、国造は、拝殿中央の高間にしつらえた祭壇に上り、一拝してその側に伺候すると、祠官は祭壇中央に軾(しきみ)を敷き、権禰宜は国造の座前にアシカの敷皮を敷く。敷き終わるのを待って、権禰宜は、御飯(みけ)と醴酒(れいしゅ)を載せた膳を持ってこの敷皮の上に置く。国造は、この御飯をまず捧げて拝席に進み、立ちながら四方に向かってこれを献じ、次に醴酒をもってまた同様の儀礼を行なう。このときの御飯は、新玄米を炊いたもの、醴酒は、新白米で醸したものである。

なお、その調理の火は、熊野大社から拝受した火燧臼と火燧杵とで鑽り出した忌火である。

佐太神社御田植祭 佐太神社(八束郡)で7月15日に行なわれる豊作祈願の神事。もとは、12月21日(早稲田植神事)、22日(中稲田植神事)、23日(晩稲田植神事)と3日間にわたって行なわれた夜祭で、古くは12人の巫女が奉仕したが、江戸時代に巫女2人で行なうようになった。

当日は、松葉と黒豆を神前に供えて祭典を行なった後、早乙女が歌にあ

Ⅲ 営みの文化編

わせて、座ったまま松苗を揃えて並べ、次に手に持ちかえ、次に立ちあがって神前に進み、また歌にあわせて後退しながら、一足ごとに松葉を左右に投げる。この進退を3回くりかえす。なお、この場合の松葉は、苗に見立てたものである。

この神事は、以前は田植祭としては特異な12月の行事であり、これが行なわれたあとは翌年の田打始めまで氏子は田の中に入らなかった、という。

なお、佐太神社では、9月24日に御座替神事が行なわれる。これは、本殿から摂社・末社までのすべての神座の御座（茣蓙莚）を新調する神事である。薄暗い堤灯のあかりだけをたよりに、厳かに行なわれる。その進行にあわせて舞殿で七座神事（佐陀神能）が行なわれる。七座とは、剣舞・清目・散供・勧請・祝詞・御座・手草の七曲で、いずれも直面（素面）の舞人が狩衣を着け、幣・鈴・中啓（扇）・榊・茣蓙・剣などを持って舞う古風な神事舞である。

佐陀神能

9月24日・25日にわたって佐太神社で「御座替祭」が行なわれ、そこで佐陀神能が奉納される。神楽は両日とも奉納されるが、24日は神事と同時進行で「七座」が舞われ、25日に「七座」「式三番」「神能」が奉納される。佐陀神社は、昔からまつりの多い神社で、今でも年間10以上のまつりを行なっているが、御座替祭がもっとも大きく重要なまつりで、佐陀神能は、このときだけしか奉納されない。

慶長年間（1596〜1615年）、能の美しさと謡曲を神楽に取り入れてはじめられたというこの神能は、「湯立て」を中心とする伊勢流の神楽に対し、採物と神能を中心とした出雲流神楽の源流といわれる。

神楽は、腰板で囲まれた雨戸のない神楽殿で舞われる。神楽殿は、白紙の垂手がついた注連縄を長押に張ったほかは何の飾りもない。

はじめに、「入申し」という楽奏があり、次いで採物舞の「七座」に続く。七座は、剣舞・清目・散供・勧請・御座・八乙女・手草の7種だが、今は八乙女が省略されて、祝詞が入る。採物は、幣・剣・榊・茣蓙・鈴・中啓など。楽器は、大太鼓・締太鼓・笛・銅拍子。この七座が、神能の成立以前からあった舞で、仮面はつけない。御座替祭の発生とともにはじまった、と伝えられ、中世以前は、祭式そのものだったともいわれている。

翌25日は、夜8時ごろから佐陀神能が上演される。演目は、「七座」か

らはじまり、「式三番」「神能」と続く。式三番は、「翁」「千歳」「三番叟」の3人の舞手が順に舞う。神能は、神話を題材とした神楽で、全部で12番あるが、そのなかで、主に舞われるのは、佐陀大神が佐陀神社の由来を説く「大社」。素戔嗚尊（すさのおのみこと）が大蛇を退治する「八重垣」や日本武尊（やまとたけるのみこと）の東夷征伐をテーマにした「日本武」など。神能がすべて終了するのは、11時近くである。

昭和51（1976）年に国指定の重要無形文化財となり、平成23（2011）年には世界遺産（無形文化遺産）に記載されている。

石見神楽（いわみ）

島根県西部（石見地方）に伝承される演劇性の強い神楽。地元の例祭への奉納はもとより、祝祭行事や各種催事などに欠かすことのできない郷土芸能となっている。起源については諸説あるが、室町後期にすでに神事的な神楽が演じられていたといわれる。江戸時代の文化文政期における国学の台頭とともに『古事記』・『日本書記』を題材とする神話劇が加わり、演目が多彩になった。

石見神楽の特徴は、その演劇性・娯楽性の高さである。大太鼓・小太鼓・手拍子・笛による軽快かつ激しい八調子といわれる囃子（はやし）と勇壮な舞がみられる。とくに昨今は、旧来からの神事的な演目は省略される傾向にあり、娯楽要素の強い華やかな演目が演じられることが多い。

代表的な演目は、「大蛇（おろち）」。日本神話における素戔嗚命の八岐（やまた）の大蛇退治を題材とした内容で、素戔嗚命と大蛇が大格闘を繰り広げる壮大なスケールの舞が展開する。多くの場合、最終演目として披露される。

ほかにも、天照（あまてらす）大神の岩戸隠れの神話を題材とした「岩戸」や、大国主命がその国土を天照大神の勅使に献上するという神話を題材とした「国譲り」など、演目は30種以上にも及んでいる。

津和野の鷺舞（さぎまい）

弥栄神社（やさか）（津和野町）に伝わる神事舞。祇園祭の7月20日（御神幸の日）と27日（御還幸の日）に、町内11カ所で舞われる。言い伝えによれば、古く京都の祇園祭で行なわれていたものが、室町時代に長州の大内氏の手により山口の祇園社に移され、さらにそれが当時の津和野城主によって津和野に移入された、とされる。その後、一時中絶したが、寛永年間（1624〜43年）に、領主亀井氏が京都に人をつかわして古式を習得させた。その型が今日まで伝えられている。

20日、弥栄神社から御旅所への神輿渡御のとき、その年の当屋に祀ら

Ⅲ 営みの文化編

れていた鷺の頭を舞役がかぶり、供奉する。そして、当屋前や四ツ辻、旧藩時代の城代家老邸前、旧藩邸前などで舞を行ない、御旅所に到着すると、そこでまたひと舞行なう。27日の還幸のときも再び供奉し、最後に翌年の当屋に舞い込む。

鷺は、雌雄1対になっている。桐を芯にしてそれに白布を巻き綿をつけて頭とし、杉板を組んだものを羽として舞人がそれをかぶって舞う。舞は、先ぶれとして棒振りが立って棒を回し、その後に鷺役が足をあげながらめぐり、羯鼓役が身をかがめながら鼓を打つという田楽風の芸である。歌い手が後ろに立ち、「橋の上におりた鳥は何鳥　かささぎのかささぎの　ヤーかささぎの鷺が橋を渡した　さぎの橋を渡した　時雨の雨にぬれとおりとおり」と歌い、笛・鼓・太鼓・鉦がそれにあわせる。

なお、現在、京都ではすでに鷺舞は途絶えており、津和野鷺舞は、日本に唯一残る鷺舞として平成6（1994）年に国の重要無形民俗文化財に指定された。

ハレの日の食事

全県的に、まつりには「箱ずし」（押しずし）が食される。これは、木枠に酢飯と具材を詰めた押しずしである。サバを使った「ばらずし」もある。出雲地方では、藩主・松平不昧公が茶人であったことから、茶菓で客をもてなす習慣も広まった。

石見地方のハレの行事では、「すぼ豆腐」がよくつくられた。豆腐をすぼ（竹や麦藁で作った簾の子）で巻いて一晩水切りをする。それを切って、だし汁で煮て食べるのである。

寺社信仰

出雲大社

寺社信仰の特色

　年に一度、日本中の神々が集うという出雲大社（いづもおおやしろ）は日本一大社と崇められる。出雲市八雲山（やくもやま）の麓に国宝の本殿が建ち、日本の国造りを完成させて天津神に譲った大国主大神（おおくにぬしのおおかみ）を祀る。出雲一宮で、1871年までは杵築大社（きづきのおおやしろ）と称し、〈出雲の火鑽習俗（ひきり）〉‡を伝承する。同市には須佐之男命（すさのおのみこと）の本宮とされる須佐神社や、一畑薬師の総本山である臨済宗妙心寺派一畑寺（いちばたじ）、日本三大船神事のホーランエンヤを伝える城山稲荷神社（じょうざんいなり）もある。
　松江市（まつえ）の熊野大社（くまのたいしゃ）も出雲一宮（いちのみや）とされ、出雲大社と同じ神階（しんかい）を有し、「出雲の両大社」と称された。出雲二宮で出雲国三大社とされた佐太神社も同市に鎮座し、ユネスコ無形文化遺産の〈佐陀神能（さだしんのう）〉†を伝承している。
　石見国（いわみ）は日本最大の銀山を擁した歴史で知られ、大田市の羅漢寺（らかんじ）にある五百羅漢などが世界遺産「石見銀山遺跡とその文化的景観」に指定されている。石見一宮は大田市の物部神社（もののべ）、二宮は江津市の多鳩神社（たぬみ）、三宮は浜田市の大祭天石門彦神社（おおまつりあめのいわとひこ）または美郷町（みさとちょう）の天津神社（あまつ）という。津和野町（つわのちょう）の太皷谷稲成神社（たいこだにいなり）は伏見稲荷からの勧請（かんじょう）で、日本五大稲荷の一つと崇められ、遠方からも多くの参拝を集めている。
　島根半島の北方約50kmの日本海上に浮かぶ隠岐諸島（おき）には隠岐国が置かれた。隠岐は流刑地でもあり、隠岐国分寺は後醍醐天皇（ごだいご）の行在所跡とされる。後鳥羽上皇を慰（なぐさ）めるために始めたと伝える〈隠岐の牛突きの習俗〉‡は、隣の隠岐モーモードームで伝承されている。寺では〈隠岐国分寺蓮華会舞（れんげえまい）〉†を伝承し、弘法大師の命日の4月21日に披露している。
　隠岐の島町（おきのしまちょう）郡（こおり）にある水若酢神社（みずわかす）は、名神大社で隠岐一宮とされ、隣の隠岐郷土館（どう）では〈隠岐島後の生産用具〉†を展示している。
　同じく名神大社で隠岐一宮とされる由良比女神社（ゆらひめ）は、西ノ島の浦郷（うらごう）に鎮座する。浦郷地区は美田地区（みた）とともに〈隠岐の田楽と庭の舞〉†および〈隠岐西ノ島のシャーラブネ〉‡を伝承している。

凡例　†：国指定の重要無形／有形民俗文化財、‡：登録有形民俗文化財と記録作成等の措置を講ずべき無形の民俗文化財。また巡礼の霊場（札所）となっている場合は算用数字を用いて略記した

115

主な寺社信仰

美保神社

松江市美保関町美保関。三穂津姫命と事代主神とを祀るが、昔は御穂須須美命を祀ったと考えられる。関の明神様と崇められた。三穂津姫は大国主神（出雲大社の主祭神）の后で、事代主は大国主神の子である。江戸時代は「大社だけでは片詣り」と謳われ、出雲大社との両詣りが盛んであった。また事代主はエビス、大国主はダイコクとされ、両社併せて「出雲のエビス・ダイコク」とも称された。12月3日の〈諸手船〉†の神事は大国主が事代主に国譲りを相談するため船を出した故事を、4月7日の〈蒼柴垣神事〉‡は事代主が国譲りを進言して海に身を隠した故事を表すという。祭神は鳴物を好むとされ、〈美保神社奉納鳴物〉†にみられるように、太鼓や三味線、風琴などの楽器が数多く奉納されてきた。船庫には赤貝や蝦を採るための刳舟、〈そりこ〉†もある。

大土地荒神社

出雲市大社町杵築西。出雲大社の門前町として、また日本海水運の集散地として栄えた杵築地区に鎮座。隣には酒蔵と米蔵を利用した手錢記念館が建つ。杵築（出雲）大社領6か村の大土地村・中村の氏神で、須佐之男命を祀る。例祭は10月下旬で、〈大土地神楽〉‡が奉納される。昔は旧暦9月16日が祭日であった。当日は、境内に舞座とよばれる舞台が社殿を向いて仮設され、夕方から翌日未明まで舞が続く。18世紀末頃から神職ではなく氏子が神楽を舞ってきたのが特徴で、衣装も腰に枕を背負った上に着けるといった独特な容姿となっている。全体の構成は出雲神楽の形式に則っており、仮面をつけない神事（儀式）的な舞の七座と、仮面をつける演劇（娯楽）的な舞の神能からなる。七座で神を降ろし、八千矛や荒神（国譲り）など神話や能に基づく神能を演じる。

金屋子神社

安来市広瀬町西比田。金山彦命・金山姫命を祀り、全国1,200社の金屋子神社の総本社とされる。播磨国志相郡岩鍋（兵庫県宍粟市千種町岩野辺）に天降った金屋子神が、白鷺に乗って当地の桂の木に降臨したのを祀ったのが始まりという。鉄づくりの神として全国各地の製鉄所に分祀され、雲南市の〈菅谷たたら山内〉†にも桂の木とともに勧請された。春秋の大祭には全国から大勢の鉄工関係者が参列し、社頭には金屋子神話民俗館が建つ。出雲地方は昔、踏鞴

製鉄が盛んであり、安来市安来町の和鋼博物館には往時の〈たたら製鉄用具〉†が収蔵展示されている。また、隣の東比田では農耕や狩猟の他に砂鉄採取も行っており、〈東比田の山村生産用具〉†が安来市広瀬町に保存されている。なお、比田の氏神は、製鉄が盛んであった吉備国の祖神とされている。

加茂神社 雲南市木次町湯村。素盞嗚尊の八岐大蛇退治で有名な斐伊川の上流、槻屋地区の氏神で別雷命を祀る。西隣の本郷地区には八岐大蛇の棲み処であったと伝える天が淵がある。11月10日の例祭には近郷唯一の古代神楽である〈槻の屋神楽〉‡が拝殿にて奉納される。出雲流神楽のうち、出雲流神楽の源とされる佐陀神能の形式をよく伝えているうえに、三宝荒神・大歳・亥日祭の舞や、舞座を飾る天蓋・千道・百道・切飾に修験神楽の要素を多分に残していることから、出雲神楽の原初形態を知る重要な手がかりとされる。特に亥日祭は他にない珍しい演目で、律令官制の宮内省で供の水や粥を司った主水司が釜を設けて米を注ぎ入れる所作をすると、杵を持った鬼が鼓を臼にして餅搗の所作をする。

由来八幡宮 飯南町頓原。誉田別皇命・足中彦皇命・気長足姫皇命を祀り、隋神門には龍のような相貌の狛犬も鎮座する。源頼朝の命で出雲守護の佐々木義清（出雲源氏の祖）が飯南町迫に創祀した石清水八幡宮の別宮、大田別宮と伝え、出雲八社八幡の第4社とされる。後に当地の多倍神社へと遷されたという。旧社地は神幸所で、大田八幡宮の祠がある。1986年、島根県神社庁の特別神社に指定された。10月1日〜11月8日には〈由来八幡宮の頭屋祭行事〉が営まれ、11月7日の古伝祭には薫入祭や囃子の奉納がある。1日がかりで町を巡幸した囃子が夕方に境内で最後の打ち上げをする中、拝殿では姫に扮した神職が米の収穫から餅づくりまでを舞う姫乃飯神事が行われる。飯南町は名だたる豪雪地帯で、頓原の民俗資料館には〈奥飯石および周辺地域の積雪期用具〉†が収蔵展示されている。

五十猛神社 大田市五十猛町湊。五十猛駅の東にある宮山に鎮座。五十猛命・大屋津姫神・抓津姫神の兄妹神を祀り、沖長足姫神・誉田別命・武内宿禰を配祀、国分寺霹靂神社の別雷命・玉依姫命を合祀する。兄妹神は素盞嗚尊の子神で、父神とともに新羅か

Ⅲ　営みの文化編　117

ら埴舟に乗って帰国した折、磯竹村大浦（五十猛町大浦）の灘にある神島に上陸、大浦の神別れ坂で親子は別れ、父神は大浦港の韓神新羅神社に、子神は当地に鎮座したと伝える。なお、大屋津姫命と抓津姫命の姉妹神はそれぞれ機織と造林を指導し、姉神は後に大田市大屋町大屋の大屋姫命神社に鎮まったともいう。小正月には境内にセンボク（神木／千木）さんとよばれる長さ20mほどの根付の青竹を立て、これを心柱に仮屋を組んで歳徳祭を営むが、同様の行事は大浦でも行われており、〈五十猛のグロ〉†と称される。

大元神社

江津市桜江町江尾。糸谷川が八戸川に合流する地に大元神を祀る。集落を挟んだ向かいには石見33-12曹洞宗大亀山福応寺が建つ。石見地方は大元神を祀る社が多いが、この神は神木に巻きつく龍蛇の姿で、多くは藪や森に祀られ、荒神とともに村の守護神や村の開拓の祖と崇められ、明治維新後は国常立尊に改められたという。当社では6年に一度、式年祭があり、〈大元神楽〉†（〈大元舞〉‡）が奉納される。大元神楽は大元神を勧請して舞う採物神楽で、邑智郡を中心に分布し、祭儀的な舞と演劇的な神能に大別され、天蓋引が特色である。昔は神職役が舞ったが、明治時代の神職演舞禁止令により、神能は氏子が舞うようになったという。江尾では弥治右衛門という独自の演目を保持しているが、これは糸谷の弥治右衛門神社に祀られる勝負師の晒首に由来する。

八幡宮

浜田市金城町波佐。常磐山に鎮座し、応神天皇・大国主命・大物主命を祀る。裏山はウラジロガシとアシオスギの巨木に、ヤブツバキの古木が森を形成し、中には的山が築かれている。集落南奥の大井谷に宇佐八幡神を勧請したのが始まりで、後に宇治川の先陣争いで名を馳せた佐々木高綱が波佐一本松城の河野氏を破り、当地へ八幡神を遷して社殿を建立、佐々木祖霊神を合祀したのが創建という。後に尼子経久が再建したと伝え、北隣の永昌寺には経久の墓がある。10月10日の例祭は馬場に並ぶ幟と花傘が見事で、千本傘や波佐祭と親しまれ、前夜から夜明けに神楽が奉納される。神楽殿には大型の絵馬額が16面も残る。波佐は山里で樵や紙漉が盛んであった。今も金城民俗資料館には〈波佐の山村生産用具〉†が、エクス和紙の館には紙漉がそれぞれ伝承されている。

萬福寺

益田市東町。時宗。益田川北岸に建ち、清瀧山と号す。1374年に七尾城主の益田兼見が中洲浦から安福寺を当地へ移

し、現称に改め菩提寺にしたと伝える。庭園は隣町の医光寺の庭園とともに雪舟の作と伝え、国史跡に指定されている。川の対岸には兼見が寺の鎮守として創建した益田天満宮がある。現在11月3日に行われる七尾祭の目玉となっている行列は、同社が1883年頃に山口県の防府天満宮から移入した大行司小行司の練が発展したものである。行列は七尾城下を出発し、グラントワ（島根県芸術文化センター）の中庭まで練り歩き、奴踊・田植囃子・手踊などを披露する。グラントワでは民俗芸能の伝承にも力を入れており、定期的に〈益田の糸あやつり人形〉‡を公演している。この民俗は1887年頃に山本三吉が伝えたもので、日本で唯一古態の操法を留めている。

弥栄神社　津和野町後田。津和野川北岸の下元原に鎮座。1428年に津和野城主の吉見氏が京都祇園社の分霊を太鼓谷山に勧請創祀し、1437年に吉見弘信が当地へ遷して城の鬼門を守る社にしたと伝える。長く滝本祇園社と崇められたが、1867年に現称とした。現在は須佐之男命のほか大己貴命など多くの神を祀る。6月30日には輪潜り神事があり、津和野ではこの日から浴衣を着る風習がある。例祭は7月で、20日の神幸祭と27日の還幸祭には〈津和野弥栄神社の鷺舞〉†が演じられる。これは15世紀頃に大内氏が京の祇園会で演じられていた鷺舞を山口の祇園会に移したのを、1542年に吉見正頼が当社祭礼に移したのが始まりで、後に中絶したため、1644年に藩主の亀井茲政が京から移したものである。古い芸態を伝承し続けていることから、1956年には京の祇園会に逆移入された。

大山神社　隠岐の島町布施。国名勝の浄土ヶ浦で有名な布施の中心から1kmほど入った南谷に鎮座。当社には社殿がなく、山全体が神社とされている。鳥居を潜って参道を進むと、高さ50m・樹齢800年という杉の巨木がそびえており、これが神体とされている。南谷をさらに奥へ進むと隠岐の島の最高峰、大満寺山に至る。山頂にそびえる高さ30m・樹齢800年の乳房杉も岩倉神社の神体とされている。同山は布施山、大満山、摩尼山とも称され、隠岐国鎮護の神霊が坐す山と崇められた。布施山明神・熊野三社権現・真鎮山王権現などが山中に祀られていたという。当社では隔年4月に〈布施の山祭り〉‡が営まれ、神木に蔓（猿梨）を7周半巻き付ける（帯締）。昔は旧2月初丑日に法印山伏が祭を営んで

Ⅲ　営みの文化編

いたという。

焼火神社(たくひ)

　　　　　西ノ島町美田(にしのしまちょうみた)。西ノ島の最高峰、焼火山8合目の岩窟に鎮座。大日孁貴尊(おおひるめむちのみこと)を祀る。明治初年の神仏分離以前は、離火社や焚火社と称して焼火大権現（隠岐権現）を祀り、地蔵菩薩を本尊とする焼火山雲上寺が別当を務めた。隠岐に流された後鳥羽上皇(ごとば)は空海作の薬師如来像を納めたという。昔、大晦日(おおみそか)に海上から3つの火が上がり、山の窟に飛び込んだのが始まりと伝え、今も大晦日には龍灯祭を営む。山では昔から神仏に捧げる灯明として篝火(かがりび)を焚き、海上を航行する船をも導いたことから、北前船(きたまえぶね)などから航海安全の守護神と崇められた。船乗りは水難除けに山上から銭守(ぜにまもり)を受けて身に着けたという。波荒い隠岐の海では漁撈や輸送に木造和船の〈トモド〉†が使用されたが、現存するのは当社が保存する1艘(そう)のみである。例祭は7月23日で〈隠岐島前神楽(おきどうぜんかぐら)〉が奉納される。

伝統工芸

出雲石燈ろう

地域の特性

島根県は中国地方北部に位置する。東は鳥取県、西は山口県、南は広島県と接して、北は日本海に面し、海上に隠岐諸島がある。旧国名に由来する出雲と石見、隠岐の三つの地方に区分されることが多い。

東部の出雲地方には、中国山地を源流とする斐伊川が、出雲平野、宍道湖と中海を経て日本海に注いでいる。古来、斐伊川上流で砂鉄を採取して製鉄が行われた。江戸時代中期以降、砂を川に流して砂鉄を集める「鉄穴流し」という手法が盛んになり、全国の刃物産地に鋼を届けた。出雲でも鉈や包丁などの打刃物や燭台などの鍛造品がつくられ、伝統工芸として今に受け継がれている。

西部の石見地方は銀で栄えた。現在の大田市は、戦国時代に世界的な銀の産出地となり、江戸時代には幕府の直轄地として17世紀前半に日本最大の量を産出した。「石見銀山遺跡」は、世界遺産に登録されている。また、和紙原料となるコウゾ、ミツマタ、ガンピの成育に適し、抄紙が発達した。「石州半紙」はユネスコ無形文化遺産に登録されている。

隠岐は、鏃など古代の利器に用いた黒曜石を産する。利器の材料となる黒曜石の産地は数少なく、隠岐の黒曜石は、山口県や滋賀県、香川県などでも出土しており、遠隔地との交流がうかがえる。現在では、「隠岐黒耀石細工」のアクセサリーなどに加工されている。

島根県は、出雲の鉄、石見の銀、隠岐の黒曜石と、特徴のある地下資源に恵まれている。ほかにも、ケヤキなどの天然木、来待石、瑪瑙、陶土や綿花などの素材を活かした、地域独自の伝統工芸が育まれてきた。

伝統工芸の特徴とその由来

島根県は、気候も比較的穏やかで、出雲と石見、隠岐の三地区それぞれ

Ⅲ　営みの文化編

の特性を活かした伝統工芸を訪ねることができる。

　江戸時代、出雲は隠岐とともに、松平氏の治める松江藩であった。7代藩主松平不昧は、茶人としても名高く、「楽山焼」を再興し優れた茶陶を焼かせた。城下町の松江には、手まりや紙人形の松江姉様などの手仕事が伝わっている。ワタの栽培が江戸時代に盛んになり、「広瀬絣」や「筒描藍染」がつくられるようになった。宍道湖畔の来待石は、さまざまな石造物に加工されてきたが、現在は「出雲石燈ろう」として全国に知られている。八雲町には個性的な名紙で知られる「出雲民藝紙」があり、斐伊川町には、クロガキ（黒柿）などの杢目が美しい「木芸品」がある。

　石見地方は、古代から紙の産地として知られていた。温泉津町には、陶土となる粘土を含む地層があり、瓦や陶器が生産された。江戸時代には、現在の江津市で磁土に近い粘土を用いて水甕がつくられるようになり、各地に販売された。現在も、「石見焼」として、水鉢や漬物などの容器、皿や碗など実用的で美しい陶器がつくられている。

知っておきたい主な伝統工芸品

広瀬絣（安来市）　島根県東部の安来市広瀬町を中心に発展した染織品。広瀬の大柄、備後の中柄、久留米の小柄といわれたほど特色のある大柄の絵絣だ。「松竹梅」や「竹に雀」「鯉の滝登り」「鶴亀」などの絵模様に、線や四角の幾何学模様との組み合わせが特徴。染色は、正藍染が主で、濃淡を交えて文様がくっきり浮かび上がり、きもの、帯、夜具などに使われ、品質・染色ともに堅牢な絣を生産している。

　広瀬町は、月山城下町として発展したが、1744〜90（延享元〜寛政2）年にかけて4回の大火を起こし全焼した。復興のため9代藩主松平直諒（1817〜61年）は、産業、文化、教育に力を入れ、特に絣を奨励した。絣は1824（文政7）年、町医者長岡謙祥の妻、長岡貞子が伯耆国米子町で絣染織技法を伝授され、町内の女性たちに伝え広めたのが始まりとされる。デザインは、お抱え絵師堀江友聲と孫の有聲の描いたものが多い。

　大正時代初期から機械化による安価な他県の絣に押されて、広瀬絣のみならず山陰の絣は衰退したが、熱心な研究家と収集家が中心となり、1962（昭和37）年に、広瀬絣を県の無形文化財に指定し、技能保持者に花谷初子（織）、松田フサヲ（織）、天野圭（藍染）の3人が認定される。さらに

1981（昭和56）年には町営「広瀬絣伝習所（現・広瀬絣センター内）」が設立され、天野が所長として技術伝承に努めた。さらに1985（昭和60）年には、町営広瀬絣センターが開設され、製品の販売や展示などが行われている。いずれも現在は安来市営になっている。2005（平成17）年には県の無形文化財技能保持者に天野の四女の永田佳子が認定された。2010（平成22）年、永田を中心に広瀬絣技術保存会が発足、藍染と技術の保存をはかっている。

筒描藍染（出雲市） 家紋と鶴亀、松竹梅、宝づくし、熨斗など縁起物の模様が大胆に描かれた筒描藍染の風呂敷。出雲地方では、江戸時代からこの風呂敷や蒲団、油箪（箪笥などにかけるカバー）などが嫁入り道具に欠かせないものであった。子どもが生まれれば、筒描藍染の子負帯などが用意されたという。藍独特の色は、洗うほどに鮮明になる。藍の色と伝統の柄は今も新鮮で美しく、伝統的な風呂敷以外に、テーブルセンターやのれんなど室内装飾として使える製品が増えている。

型紙を使って模様をつけるのではなく、先端に穴の開いた真鍮の金具をつけた、渋紙製の筒袋の中に入れた防染糊を押し出しながら模様を手で描いていくところに、筒描藍染の特徴がある。藍で繰り返し染められ乾燥した後に、高瀬川の水流で洗い落とされる。このとき、川の流れの中で描いた模様が浮かび上がってくる。川での糊洗いは、出雲地方の風物詩にもなっている。藍染の生地は強く、紺の色は年月を経て冴え、虫もつきにくいという。

防染糊はもち米でつくられ、使うときに水を入れて柔らかくし、青の色粉を混ぜながら筒袋に入れる。糊が厚すぎると垂れてきてしまい、薄すぎると藍が侵入してしまうので、なるべく均一にちょうどよい厚さで描かなければならない。糊の乾く前に糠を振り、さらに裏から刷毛で水を振ることによって、表の糊が裏まで浸透する。染める前に水拭きをして、藍に浸けて染める。藍染めは古くからあるが、筒描は江戸時代後期に始まった技法だといわれている。

石見焼（江津市） 水甕や睡蓮鉢、漬物入れや蓋物、皿や碗など、つるりとした硬質な肌に、釉の化粧掛けや流し掛けがさらりと遊ぶ、実用的で懐かしい日常生活の陶器である。丈夫で、耐水性、耐塩性、耐酸性、耐アルカリ性に富む素地に特徴がある。飯銅と呼ばれる大

きな水甕を主体に、紺屋の染料甕や梅干し、らっきょう、塩などの入れ物が全国に広まった。

　強固な素地は、磁土に近い地元の宇野白粘土と宇野赤粘土を混ぜ合わせ、1300℃の高温で焼成することで生まれる。来待錆石による赤褐色の色合いや、アルカリ成分を含む温泉津石を使う透明釉の色合いも魅力である。透明釉を完全燃焼の炎で酸化焼成すると黄土色になり、不完全燃焼の炎で還元焼成すれば青色になる。

　石見では、1763（宝暦13）年に、江津の森田元蔵が周防岩国藩の入江六郎から唐津の技法を学び、小物をつくり始めたといわれている。また、天明年中（1781〜88年）に備前から江津に来た職人が、大物の技法を伝授したという記録がある。大物と小物の二つの流れと良質の粘土を合わせ、文化文政年間（1804〜30年）〜幕末にかけて石見焼が発展したと考えられている。石州瓦と同様に、北前船に積まれて全国へ運ばれた。最盛期には、1000軒を超える窯があったという。だが、水道の普及で水甕の需要は激減し、石見焼の窯も減少した。その中でも、登り窯を守る窯や、新分野のスタイリッシュな商品開拓を行うなど窯独自の歩みが続けられている。1994（平成6）年に国の伝統的工芸品に指定された。

楽山焼（松江市）

　楽山焼は、松江藩御用窯の伝統を受け継ぐ茶道具の窯であり、刷毛目と伊羅保写しが特徴といわれるが、製法の基礎を萩に置きつつ、南蛮焼の焼き締め、京焼のセンスや色絵の技法などを、多彩に展開できるところにその特徴がある。

　江戸時代初期に、萩の坂高麗左衛門の門下であった倉崎権兵衛が、1677（延宝5）年に松江藩主松平綱隆に招かれて窯を開いたという。権兵衛の出雲入国は、1679（延宝7）年で3代綱近の時代という説もある。名手で、特に伊羅保釉を用いた落ち着きのある淡い山吹色の優れた作品を残した。御用窯は一時期中断されたが、1801（享和元）年に松平不昧が長岡住右衛門に再興させた。住右衛門は優れた茶陶を焼き、楽山焼5代目となった。6代目空斎からは、京焼風の色絵陶器もつくられ、さらに名作を生み出す。

　楽山焼は、現在の松江市西川津町の楽山公園の一角に開かれた。そこは松江藩2代藩主以降の別荘で、御山といわれたため、楽山焼は御山焼または御立山焼と呼ばれていた。楽山焼は明治時代からの名称といわれている。茶を愛する代々の松江藩主に寵愛され、格式と品位を重んじる楽山焼は、

茶の湯の文化が浸透している松江の人々と全国の茶人に愛されている。

木芸品（出雲市斐川町）

木芸品は、クロガキやクリ、ケヤキ、サクラなどの美しい木肌を特徴とする、酒器や食器、カトラリー、茶道具、盆、文具、家具などである。特に稀少な出雲黒柿のぐい呑みや硯箱、花台、棗（茶道において抹茶を入れる容器）などは人気がある。美しい木肌をみせるためには、素材の選定が大切である。地元のクロガキや、国産のクリやケヤキを吟味する。伝統的な技法と現在の道具を効果的に組み合わせ、指物、挽物、削り出し、木彫などを行い、木地仕上げや拭漆仕上げ、オイル仕上げなどにより完成品につくり上げる。

クロガキは、樹齢数百年を超えるカキの古木で、ごくまれに現れる黒色の紋様のあるものを指す。正倉院御物の中には、クロガキを用いた工芸品が数多く残されており、古代より好まれてきた工芸材料であるが、硬く、黒と白の部分で収縮率が異なり、加工は難しい材料である。

17世紀、関ヶ原の戦い後に出雲と隠岐に封じられた堀尾吉晴は、安来の富田城を廃して松江に築城する。1638（寛永15）年には、徳川家康の孫松平直政が入城して親藩松江藩が誕生し、明治維新まで続いた。松江城下では、煙草盆、茶箱などの茶道具、文庫や棚などの調度品がつくられるようになり、名品も制作された。現在斐川町でつくられている木芸品にも、伝統の技法が活かされている。木の美しさを追求する木芸品は、茶道具から暮らしの器まで、今も人々に愛用されている。

石州半紙・石州和紙（浜田市三隅町）

石州和紙には、コウゾ、ミツマタ、ガンピの一枚物の紙から、重要無形文化財の石州半紙を始め、画仙紙、書画用紙、賞状用紙、染紙、封筒、便箋、はがき、名刺、色紙、和帳、巻紙、障子紙などがある。石見神楽の面や蛇胴などに用いる和紙、文化財修復用紙、柿渋紙、漆紙などもある。

石州和紙はコウゾ、ミツマタ、ガンピの靱皮繊維と、ネリ（トロロアオイの根の粘液）を使い、竹簀や萱簀を桁にはさむ「流し漉き」でつくられる。コウゾは、靱皮繊維が10mm程度と長く絡みやすいため強靱で、揉んだり折ったりしても丈夫な紙になる。石州楮の渋い薄茶色に風流な味わいがある。ミツマタの靱皮繊維は4mm程度で、強靱性ではコウゾにやや劣るが、繊細で弾力性がある。紙肌は柔軟で滑らか、おだやかで上品な光沢が

Ⅲ　営みの文化編

あり、書道用紙などに適している。ガンピの靱皮繊維は3mm程度で粘着力があり、半透明で光沢をもつ繊細な紙になり、湿気や虫害に強い。

かつて火災に遭った商家において、井戸に投げ入れた楮紙の帳簿が難を免れた例があるという。コウゾの障子紙は、直射日光をさえぎり、透過した光が部屋全体を明るく柔らかな雰囲気に包む効果があるという。

平安時代に書かれた『延喜式』(905(延喜5)年)には、紙を国に納めさせる42国の一つとして石州があげられている。江戸時代後期に発刊された『紙漉重宝記』(1798(寛政10)年)には、「奈良時代に柿本人麻呂が石見の国の守護であって、民に紙漉きを教えた」とあり、約1300年の歴史を伝えている。1969(昭和44)年に、コウゾを用いる「石州半紙」が国の重要無形文化財に指定を受けた。1989(平成元)年にミツマタやガンピも含めて「石州和紙」が、国の伝統的工芸品に指定された。2014(平成26)年には、ユネスコ無形文化遺産に、「石州半紙」「本美濃紙」「細川紙」が登録された。

出雲石燈ろう (松江市宍道町)

宍道湖のほとりで採れる来待石は、粒が細やかで粘りがあり、加工しやすく、耐寒性、耐熱性に富んでいる。切り出した新鮮な石面は青灰色だが、庭に出して雨露に当てると、灰褐色に変わり苔がつき始め、何ともいえない古色を帯びてくる。この石こそが、出雲石燈ろうの最大の特徴である。雪見型、春日型など伝統的な意匠の燈ろうと、照明やバードバスなどの新しい石の製品がつくられている。

来待石は、宍道町来待地区にある約1400万年前に形成された凝灰質砂岩である。古墳時代には石棺、中世には石塔、石仏、近世になって燈ろう、釉薬(石州瓦の上薬)、建材、石臼、かまど、棟石、墓石などに使用されてきた。江戸時代には、他藩へのもち出しを禁じたため「お留石」と呼ばれ、加工は松江城下の職人だけに許された。大正時代末頃から販路拡大に伴い、職人の出入も活発になり、来待地区でも細工が行われるようになった。1976(昭和51)年に国の伝統的工芸品に指定された。

出雲石燈ろうは、上から、九輪、笠、火袋、受鉢、竿、台の六つの部分からつくられる。それぞれの部分を手斧やつるはしなどを用いて、丸み、勾配、稜線などに気を配りながらつくり、組み立てる。彫刻は鑿を用いて行い、表面はつつき仕上げやたたき仕上げなどの石肌に整える。

民　話

地域の特徴

　島根県は中国地方の日本海側に位置し、年間降水量は比較的多く、冬季には東部や山間部を中心に降雪も多い。河川では東部の斐伊川、西部の江の川が日本海に注ぎ、県東部では日本海に続く汽水湖である中海と宍道湖が豊富な魚介を育んできた。東の安来市と西の津和野町との間は約230kmの距離をもつ東西に長い県である。

　稲作中心で神道文化の色濃い出雲地方、平野が少なく畑作や漁業もあわせて行い、すぐれた左官職人を輩出した浄土真宗文化の石見地方、漁業に加え、遠流の地としての京文化や北前船による文化交流の影響を受けた隠岐地方と、それぞれに産業や文化の個性は異なる。また、奥出雲地方では伝統的にたたら製鉄が営まれ、上質の玉鋼が生産された。現代の特産品である出雲そば、島根和牛、仁多米、ヤスキ鋼なども、たたら製鉄の歴史との深いかかわりの中で派生したものである。

　民俗信仰にともなう伝承文化は豊富で、なかでも旧暦10月に諸国の神々が出雲へ集うとする伝承は平安時代まで遡れ、出雲大社、佐太神社などで神在祭が行われる。地荒神の信仰が根強く、ご神木は今も集落で大切に祭祀される。能の影響を受け、芸能的色彩の強い出雲流神楽は、むしろ石見地方で発展し、社中の数も次第に増え、石見神楽は現代の観光・文化資源ともなっている。

伝承と特徴

　島根県には豊富な民話が伝承され、すでに多くが記録されている。神話まで範囲を拡大して考えれば、8世紀の『古事記』や『出雲国風土記』にみえる出雲地方を舞台とする神話群があり、1717年に成立した出雲国の地誌『雲陽誌』にも、発生伝説などがみられる。

　明治時代に松江に滞在したラフカディオ・ハーン（小泉八雲、1850〜

Ⅲ　営みの文化編

1904）は、主に松江地方の超自然的な伝説や世間話を採集・再話し、著書『知られぬ日本の面影（*Glimpses of Unfamiliar Japan*）』で世界へ発信した。大正時代には清水兵三（ひょうぞう）が『郷土研究』『日本伝説集』などに民話の発表を開始した。昭和に入ると、森脇太一、さらに大庭良美が石見地方の民話の収集と刊行を手掛け、出雲や隠岐では、石村春荘が『松江の昔話』を出版した後、田中螢一（ただよし）、酒井薫美らが精力的に民話を収集、刊行してきた経緯がある。1978年時点で、すでに約580種類、2,900話に及ぶ民話が県内で集められている。1994年には松江市大庭町に出雲かんべの里がオープンし、「民話館」では県内の特徴的な民話の展示や、「とんと昔のお話会」のメンバーによる来館者への語りが行われている。また2008年から2010年にかけて、酒井薫美の尽力により、「いずも民話の会」「民話の会〈石見〉」「おき民話の会」が誕生し、地域の民話の継承と普及活動に取り組んでいる。

　島根県でよく話される昔話としては、「竹切り爺」「鼠（ねずみ）の浄土」「桃太郎」「瓜姫」「猿婿入り」「和尚と小僧」「古屋の漏（も）り」などが挙げられる。昔話のことを「とんと昔」（出雲）「げなげな話」（石見）などと呼び、発端句は「とんと昔があったげな」、結句は「これでこっぽり」が一般的だ。昔話は夜語るという意識がみられ、正月や庚申の晩などは特によく語られた。雲南市吉田では語り婆さんがいて、「とんじん話」という死者の口寄せをした後、子どもたちに昔話を語ったという。

　伝説では、弁慶、菅原道真、後醍醐天皇、柿本人麻呂、和泉式部などにまつわる歴史伝説が目立ち、七尋女房（ななふろにょぼ）（出雲・隠岐）、牛鬼（うしおに）（石見）、河童（全域）など妖怪をモチーフとする伝説や世間話も豊富である。

おもな民話（昔話）

竹切り爺

仁多郡奥出雲町竹崎に伝わる昔話。むかしがあったげな。殿さんに山で竹を切るやつは誰だといわれ、爺（じい）は「日本一の屁こきじいでございます」と答えると、「屁をひとつこいてみい」と命じられる。錦の上で、「ニシキゾロゾロ、黄金サラサラ、浜の松風スッポラポンノポーン」とこくと、殿さんは面白かったと褒美をたくさんくれた。隣の爺さんが自分も褒美をもらおうと、竹山で殿さんの帰りを待った。殿さんが通り、竹を切るやつは誰だときかれ、「日本一の屁こきじいでございます」と答える。こいてみいといわれるので、「ニシキ、ウーン」とい

って一生懸命へばったら、うんこがでて、「無礼者めえ」と尻を切られて死んでしまう（『日本昔話通観18　島根』）。

『日本昔話通観　島根』によれば、竹切り爺は島根で最も多く語られる昔話で91話が採話されている。上記は「隣の爺型」といわれる話で50話ほど類話がある。ほかにも、隣の爺が登場せずに、褒美をもらって幸せになる「成功型」や、最初から屁がうまくでなくて褒美をもらいそこねたり、糞を出して殺されてしまう「失敗型」の話も伝承されている。

鼠の浄土　隠岐郡知夫村薄毛にはこんな話が伝わる。爺と婆が山へ仕事へ行き、昼に焼飯を3つ出して食べた。ひとつ余ったものを譲り合ううちに、穴にころげこみ、それを追いかけていくと地蔵が座っている。訊くと、一口食べてまたころがしたという。さらに先へ行くと、鼠が「ここのお国は、猫さらおらねば、国ゃわがもんじゃえ、ストトンストトン」と米を搗いている。「ニャオーン」と猫の鳴きまねをして、鼠たちが逃げたところで米を持ち帰る。隣の爺が真似をし、同じように鼠の国へ行くが、「ニャオーン」と言うと、鼠が「さあ、こないだの爺が来た」と言って爺を食い殺してしまう（『日本昔話通観18　島根』）。

一般に「おむすびころりん」などと呼ばれる話で、島根県全域から90話近く採集されている。特に隠岐地方に顕著に伝承され、にぎりめしが隠岐の郷土料理の焼飯（味噌を塗って焼いたおにぎり）になり、それを相手に食べさせようと譲り合う場面がある。穴の中に地蔵がいるなど、「地蔵浄土」の昔話との交錯がみられ、離島である隠岐地方独自の発達を遂げて伝承されている（『山陰の口承文芸論』）。

桃太郎　とんとん昔があったげな。爺さんは山へ柴刈りに、婆さんは川へ洗濯へ行ったところ、川上から大きな桃が流れてくる。婆さんが食べると、もうひとつ流れてきたので、爺さんに持ち帰り戸棚に入れておいた。爺さんが帰ってきて、中を割ったところ、赤ちゃんが出てきて「まあ、こりゃ男の子だわ」と言って大事に育てる。隣の子が「桃太郎、桃太郎、山へ行かだねか」と誘うが、3回目の誘いでようやく山へ行く。桃太郎は大きな松の根っこを取って戻り、便所の前におろすと、夜中に便所に行った婆さんがひっかかって転んで、腰を痛めて起きられなくなる。腰の痛みには鬼の生き肝が一番ということで鬼退治に行くことになる。婆さんが黍団子をこしらえて桃太郎は腰につけて出かける。最初に犬が、続

Ⅲ　営みの文化編

いて雉、猿が「桃太郎さん、どこ行くか」と尋ね、黍団子を一つくれたら、お供をすると約束する。それからみんなで連れ立って鬼退治をして、鬼の生き肝をとって婆さんに食わせ、腰を治してあげた(『山陰の口承文芸論』)。

「桃太郎」も島根県では40話以上採集されている。上記は松江市八束町に伝承される話で、桃が二つ流れてくることと、桃太郎が山仕事の誘いを引き延ばすなど、ものぐさである特色をもつ。前者には古代信仰を踏まえた古い語りが、後者には、土臭く横着さも含みもつ親しみやすい英雄像が浮かび上がる。

古屋の漏(も)り

雨漏りする藁屋根の家に爺さんと婆さんが住んでいた。そこに牛泥棒が来て、続いて狼も来てねらっていると、爺婆が「猪やら狼はおぞい(怖い)ことないが、あの漏りが一番おぞい」と言うので、狼は自分よりこわいのがいると思って逃げる。一緒にいた牛泥棒も狼が逃げたのをみて、たまげて牛をとらずに逃げてしまった(『日本昔話通観18　島根』)。

「古屋の漏り」は、島根県で最も多く語られる動物昔話で30話近く採集されている。上記は大田市静間町に伝承される話で、結末は狼と泥棒の両者の逃走で終わる話型だが、ほかに、動物たちが逃げて穴に入り、盗人たちも穴へ向かい、猿が出したしっぽを引き合って、猿の顔が赤くなったり、尻尾が切れて短くなったという由来を説く、「騒動型」と呼ばれる話型も県内に伝承されている。

おもな民話(伝説)

弁慶森と弁慶島

松江市長海町(ながみちょう)にはこんな伝説が伝わっている。

紀州の田辺に生まれた弁慶の母、弁吉は生まれつき器量が悪かったので、父母が心配して出雲の神へ縁結びの願をかけることにし、出雲の国へ旅立たせた。弁吉は縁結びの神に七日七夜、願をかけ、神の声に従って枕木山麓の長海村にやってきて3年を過ごした。ある日、若い山伏が来て、弁吉と契りを交わして空高く舞い上がっていった。弁吉はつわりとなり、鉄が欲しくなって、百姓家からとってきた鍬(くわ)を9枚と半分食べる。生まれた弁慶は、髪が長く一部を除いて全身鉄だった。

弁慶のいたずらは激しく、手を焼き、野原町の沖の弁慶島に捨てられた。そこへ一人の山伏が来て弁慶に兵法を教える。10歳になった時、砂を海

中に落として道を作り、対岸の長海へ自力で帰った。それから、枕木山、清水寺、鰐淵寺（がくえんじ）と巨刹（きょさつ）を歩いて学問をし、新庄の鍛冶で優れた長刀をあつらえた。ところが、弁慶はこんな優れた刀鍛冶を生かしておいてはまた名刀を打つと考え、刀鍛冶を切り、母の生国、紀州をめざした。なお、弁慶森には明治初期まで、弁吉を祀る弁吉霊社があった（『出雲隠岐の伝説』）。

　県内の弁慶の伝承遺跡は20か所を優に超える。伝説中に山伏が登場することや、弁慶修業の場と伝承される場所が、主に天台宗の古刹（こさつ）であるところから、修験者によって運ばれた伝説だと考えられている。

菅原道真　松江市宍道町上来待の菅原天満宮（かみきまち）には、菅公が出雲生まれだとする伝説が伝わる。出雲国司となった菅公の父、是善（これよし）は、地元の娘とねんごろとなり、子が生まれる。母は3歳まで出雲で育てたが、是善の言葉通り京に上り、醍醐の花園に捨て帰る。母は不憫（ふびん）に思い、子が穴をあけて遊んでいた梅の実を庭に植える。やがて大木となり、種に穴がある鼻繰梅（はなぐりうめ）を実らせた。京都に残した子は菅原家に引き取られ、道真となる。右大臣にまで出世するが、藤原時平の中傷にあい、大宰府へ流される。菅公はその際、出雲を通り生母と会い、梅の木で自像を刻んだが、これが菅原天満宮のご神体である（『島根県口碑伝説集』）。

　その他、出雲市斐川町下直江には菅公お腰かけの松、出雲市天神町には菅公姿見の池の伝説が残る。

おもな民話（世間話）

七尋女房　松江市島根町加賀（かが）の小学校にまだ体育館がないころのこと、毎日、宵の刻に小学校の中庭にお化けが出るという噂がたった。浜の子どもたちが小学校の前の川のほとりへホタルとりに出ると、1mくらいの背丈の女によく出会った。その女は「あははは」と笑いながら、たちまち7尋（≒約13m）もある大女になってみせたという。

　そんな話を覚えていた村の人たちは、その七尋女がまた出始めたと噂した。佐波（さなみ）や別所の大人も、麦焼きをした帰り道に小学校の前を通りかかると、その女が立っているのをよく見かけたという（『島根町誌　資料編』）。

　七尋女房の妖怪譚（たん）は、隠岐や県東部で、伝説や世間話として伝承されている。柳田國男が『妖怪談義』で言及したノブスマ、タカボウズ、ノビアガリ、ミアゲニュウドウなどに似た、大入道系の道の怪である。

Ⅲ　営みの文化編

七尋女房

地域の特徴

　島根県は中国地方の日本海側に位置し、同地方では広島、岡山に次ぐ面積をもつ。東西に非常に長く、東の安来市と西の津和野町との間は約230kmの距離がある。また、海岸線の総延長は1,027kmにも達する。旧国名でいえば、出雲・石見・隠岐の3国からなり、それぞれに文化の個性は異なる。

　出雲地方は比較的平野があり、稲作を中心に1年をサイクルとする再生継続型の生活が営まれてきたといえる。石見地方は出雲に比べると、山が海にせり出す地形で平野が乏しく、稲作と焼畑農耕を含む畑作とが合わせて行われ、ハンゲ（半夏生）を境に山の畑の仕事が始まる。したがって出雲ほど1年単位の安定型ではなく、区分転換型の生活がみられる。また、石見地方は浄土真宗が浸透したことも、出雲・隠岐とは異なる民俗文化の形成を促す要因となった。隠岐地方は主として出雲地方と共通の民俗文化もみられるが、島嶼部ゆえに独立性も強く、歴史的には遠流の地として京文化の影響、北前船による文化交流の影響なども認められる。

　民俗文化的には、出雲は伯耆（鳥取県西部）や備後（広島県東部）と、石見は安芸（広島県西部）との共通性が顕著にみられる。

伝承の特徴

　古代の歴史書である『古事記』上巻の3分の1は出雲系の神々や出雲を舞台とする出雲神話で彩られ、また733（天平5）年に成立した地誌『出雲国風土記』は全国でも唯一の完本である。『古事記』の出雲神話に、冥府に下った伊邪那美と黄泉国の醜女たちが「見るな」のタブーを犯した伊邪那岐を追いかける黄泉比良坂の物語があるが、その姿は山姥の伝承を彷彿とさせることで知られる。『出雲国風土記』の大原郡阿用の郷の地名は、目ひとつの鬼が来て田をつくる男を食らったところ、男が「あよあよ」と

132

言ったからだと説明する。山間部でたたら製鉄を営む人々への里人の畏敬の念が生み出した伝承とされ、「一つ目」は火を扱うたたら師たちの一種の職業病と解釈される。また八束水臣津野命（やつかみずおみつぬのみこと）が島根半島を大陸や隠岐島、能登半島から引き寄せたという「くにびき神話」も一種の巨人伝説とみなすことができる。このように古代の文献にも妖怪文化に連なる伝承がみえるのが一つの特色だろう。

島根県の約8割は山間部であり、また海岸線が長いという特色もあり、山の怪、海の怪、水の怪、道の怪など自然への畏敬の心から生まれたと思われる妖怪伝承が顕著である。なかでも、七尋女房（ななふろにょば）、牛鬼（うしおに）、濡れ女（ぬれおんな）、化け猫などは島根を代表する妖怪といえるだろう。ただ、城下町である松江では、子育て幽霊、雲州皿屋敷、橋姫など、概して都市部に多い妖怪伝承もみられる。

主な妖怪たち

小豆とぎ

もの淋しい町はずれの森から、小豆とぎという妖怪が出て人をとるという伝承がある。小豆とぎは小豆を混ぜ返すような音をたてる（『郷土研究』2-4）。松江市北田町には、かつて小豆磨ぎ橋という橋があり、この近くでは小豆をとぐような怪音が響いたという。その橋の上で「杜若」の謡曲を歌うと橋姫が現れ怪事を起こすともいわれる。この伝説は、小泉八雲が「神々の国の首都」（『知られぬ日本の面影』所収）に再話、紹介し、広く知られるようになった。

牛鬼と濡れ女

主に石見地方に伝承される海の怪。牛鬼は海中に棲み、大きな一つ目の牛の姿で夜間、夜釣りの釣り人を襲う。濡れ女とセットで現れるとされる。まず濡れ女が現れて釣り人に赤子を抱かせた後、今度は牛鬼が海から出てきて釣り人を追いかけて突き殺すという。大田市新市の染物屋の政五郎が2里（約7.9km）ほど離れた大浦の海岸で釣りをしていると、あまりによく釣れるので「釣れのよい時は濡れ女が出る」という伝説を思い出した。まもなく濡れ女が現れ赤子を抱いてくれと言う。赤子を抱くときには手袋をしろと言われるが、なかったので前垂れで手を覆ってから赤子を受け取ると濡れ女は海中へ消えた。政五郎は赤子と前垂れを投げ捨てて懸命に逃げ出したが、やがて牛鬼が追いかけてきた。蹄の音は大地を轟（とどろ）かし吐く息の音は耳をうがつほど大きい。

7町（約760m）も走って人里に達し、農家に助けを求めた。牛鬼はその家の周囲を巡り、「ああ取り逃して残念だ」と言って去ったという（『郷土研究』7-5）。

海女房（うつぷるい）　濡れ女によく似た海の怪で、出雲地方の海岸部に伝承される。出雲市十六島の漁師の家で、鯖の塩漬けをつくって重石をのせておいた。留守番をしていた老人が怪しい目がふたつ光っているのを見つけ屋根裏に逃げて下を見ると、赤子を抱いた化け物が入ってきた。赤子を抱いたまま漬物桶の石を軽々と取りのけ、塩漬けの鯖を食い、赤子にも食べさせ「じじいはどこへ行った。口直しに取って食ってやろうと思ったに」と言いながら去って行ったという。牛鬼も海女房も山姥と同じ性格をもつ妖怪で、人々の海への畏怖の念が垣間みえる。

大人（おおひと）　県内には大人（巨人）にちなむ地形説明譚がいくつか伝承される。松江市鹿島町名分にある20mほどの足跡型の窪地は大人の足跡とよばれている（『山陰民俗』16）。出雲市平田町檜山でも大人が歩いた跡が窪地や溜池となって残っている（『ひらたしの昔話』）。出雲市佐田町毛津にはかつて大人が住んでいたといい、彼が歩き出して第一歩をしるした場所が一窪田（ひとくぼた）と名付けられた（『佐田町の民話と民謡』）。邑智郡邑南町でも大人の足跡があり、大人町（おおひとまち）、大人原（おおひとはら）とよんでいる。巨人は東日本ではダイダラボウ、ダイダラボッチなどとよばれるが、異常な存在としての畏怖の対象であり、同時に地方の国土創造神話の片鱗（へんりん）をうかがうことができる。

オショネ　松江市八束町に伝承される手足のない子どもの姿をした妖怪。中海で漁をしていた漁師が寒いので釣鐘（炬燵（こたつ））にあたって下を見ていると、目の前に大きな山が現れた。目をつむったまま釣竿を引いていたが、しばらくして目をあけると艫（とも）の竹の上で手も足もない3人の子どもが火を真ん中に囲んで焚火をしていた。漁師はオショネに化かされたと気づき、釣鐘に向かってシュシュミという植物の葉を投げ込むと、オショネは驚いて飛んでいき、嵩山（だけさん）の松の木に提燈になってぶらさがったという（『ふるさとの民話　出雲編』）。

カワコ　全国的にあまりにも有名な水の怪だが、島根県内でも出雲地方を中心に主に「河童駒引き」「河童の詫び証文」の伝説として伝えられている。1717（享保2）年に成立した出雲地方の地誌『雲陽誌』によれば、西川津村の水草川で河童が馬を川に引き込もうとして失敗し、

持田村で陸に引き揚げられ里人に陳謝して詫び証文に手判を押した。以来、詫び証文を村の神社で祀り、川で泳ぐときには村人は「雲州西川津」と唱えると水難を逃れるという。なお、出雲地方では河童をカワコとよんでいる。仁多郡奥出雲町下阿井には駒引きの伝説にちなむ川子原という地名があり、悪さをしなくなった河童を祀るカワコ神社も存在する。

子育て幽霊

身ごもったまま葬られた母の幽霊。外中原町にあった飴屋に、毎夜、1厘だけもって飴湯を買いに来る顔の青ざめた白装束の女がいた。主人がどこの方(かた)かと訊ねたが、女は黙って帰って行った。ある夜、意を決して主人が女の後をつけていくと大雄寺(だいおうじ)の境内に入り、やがてある墓の前で姿を消した。赤ん坊の泣き声がするので掘り返して提燈の灯でみると、元気な赤ちゃんがおり、その傍らには毎夜飴を買いに来た女のむくろがあった。その赤ん坊は助けられ、北堀町の某家にもらわれてよい娘になった(『松江むかし話』)。この他、益田市など県内で16の事例がみられる(『北東アジア文化研究』39)。

さで婆さん

11月26日に便所に出現し、下の方から尻を箒(ほうき)でなでるという妖怪。出雲地方全域に伝承される妖怪で、この日の晩には大便所に行くなというタブーがある。実態としてはカイナデなど伝統的な便所の妖怪と共通するが、11月26日は、年に一度、旧暦10月に出雲の神在祭(じんざいさい)に集まる神々が諸国へ帰る日で、それを神等去出(からきで)とよぶ。その晩には多くの禁忌が伝えられる。したがってサデ婆さんは、お立ちになる神々の神威への畏れゆえに物忌みがなされたことを象徴する霊的存在で、出雲信仰と密接に関わる妖怪である(『伝承怪異譚』)。

セコ

山で聞こえる怪音の一種で隠岐地方に伝承される。隠岐の島町倉見(こぐみ)ではセコの通り道と知らずにそこに木挽きが小屋を建てると、「ヨイヨイヨイ」といって毎晩セコが出てきて小屋を突き抜けて通ったという(『ふるさとの民話 隠岐編Ⅲ』)。隠岐島後のセコはイタチのように身軽で、こちらでヨイヨイと鳴くと、すぐ飛んで行ってあっちでヨイヨイと鳴く。ヨイとかホイとか人の呼び声に似た声だが、特に一声で鳴いたときは気をつけなければならない(『民間伝承』25-1)。セコという呼称は、狩りの際に鳥獣を駆り立てる勢子(せこ)が出す声に似ていることによる。なお、セコは九州では山太郎、山ン太郎、ヤマワロなどとよばれ、河童が山に入った姿ともいわれている。

Ⅲ 営みの文化編

七尋女房(ななふろにょばう)

出雲地方東部、隠岐島前地方で主に坂道・峠・水辺などに現れる大入道系の道の怪でナナヒロオンナ、ナナタケオンナともよばれる。海士町西の中畑七衛門が夕暮れ時に馬で須賀へ行く途中、奥山から小石が飛んできた。七尋女房の仕業だと気づき、自宅から刀を持ってくると、女房はおむつを洗濯するように見せかけたが、彼はかまわず切りつけた。七尋女房は顔面に傷をうけながら松山に飛んで石と化した。「女房が石」といわれ今も成長を続けているという(『隠岐島前民話集』)。松江市島根町加賀の浜の子どもたちが小学校の前の川にホタル捕りに出ると、1mほどの背丈の女によく出会った。「あはははは」と笑いながら七尋(約12.7m)もある大女になってみせた(『島根町誌』)。七尋女房の正体は、小豆とぎであるとか、猫や狐が化けたものだともいわれる(『山陰の口承文芸論』)。なお、柳田國男は「妖怪名彙」で、この種の妖怪としてノブスマ(高知県)、タカボウズ(香川県)、ノビアガリ(愛媛県)、ミアゲニュウドウ(新潟県)などをあげている。

野馬(のうま)

石見地方のたたら場に現れるという一つ目の妖怪。邑智郡日貫村(ひぬい)(現・邑南町)で、ある夜、たたら師たちが寝ていたところ、女が上に覆いかぶさった。遠くで「ヒーン」という野馬の声がし、間もなく高い窓から野馬が覗き込んだが、その女がいるのをみて逃げ去った。その女は金屋子神(たたら場の守護神)だという(『民俗学』1-4)。「伝承の特徴」で述べた『出雲国風土記』の「目一つの鬼」とも響き合う伝承で、たたら製鉄に関わる民俗信仰をうかがうことができる。

化け猫

動物の怪。婆さんを食い殺した古い飼い猫が婆さんに化けて人を食う、化け猫の伝承が出雲、石見地方にみられる。浜田市国府町にあった旧家に薬屋が宿を乞うたところ、病人がいるからという理由で断られた。そこで薬屋は近くにあった大きな木に登って寝ていたところ、何十という猫が「ニャオー」と鳴いてぞろぞろやってきて、薬屋を根元から仰ぎ見てそれから肩車を始めた。1匹足らず上へ届かない。「菖蒲が廻のお婆さんを行って呼んでこよう」という声が聞こえ、まもなく大きな猫がやってきて一番上へ登ってきた。山刀で猫を斬りつけると苦しがって下へ降りて逃げてしまった。翌朝、薬屋は正体を見極めようと菖蒲が廻の家の婆さんを訪ねると、前から病気だが昨晩から急にひどくなったという。脈をとると、猫脈であることがわかり、薬屋は猫を殺すと、それは古

い飼い猫だった。
　類話は松江にも「小池の婆」として伝承されている。また、大田市三瓶町池田北には大きな猫又が出て山奥の小屋で寝ていた木挽きたちの舌をぬいて食ってしまったという伝承がある（『ふるさとの民話 石見編』）。隠岐島前の海士町保々見でも郵便局の近くの竹藪でネコ化けが出ると伝えられている（『猫に化かされた話』）。

高校野球

島根県高校野球史

　島根県に野球が伝わったのは1893年といわれる．98年島根県尋常中学（現在の松江北高校）で野球部が正式に誕生し，1901年県立第三中学（現在の大社高校）と県立第二中学（現在の浜田高校），04年県立商業（現在の松江商業）で次々に創部された．

　15年の第1回大会では，島根県は鳥取県と一緒に山陰予選を行うことになった．他の地区では，関東，九州といった大きな地域で予選が開催されていることを考えると，当時の山陰地区は全国的にその実力が認知されていたことがうかがえる．県大会を制したのは杵築中学で，本大会の行われる豊中グラウンドで開催された山陰大会決勝で鳥取中学に敗れた．17年の第3回大会では大社中学，23年には松江中学がベスト4に進んでいる．

　48年参加校の少ない山陰地区は岡山県を加えて東中国大会となり，59年には東中国大会を離れて山口県と西中国大会を構成することになった．この頃選抜で松江商業が活躍，61年選抜ではベスト8まで進んでいる．

　75年再び鳥取県と山陰大会を行うことになった．78年からは島根県でも1県1校となったが，2000年までの23年間，夏の大会で初戦を突破したことはわずかに4回しかない．21世紀に入ってやや持ち直したものの，初戦を突破したのは以後19回のうち6回である．ただし03年には江の川高が戦後初めて夏の甲子園でベスト4まで進出した．

　この頃から県内では開星高と江の川高校（09年石見智翠館高校と改称）の2強時代となり，これに立正大淞南高校と益田東高校を加えた私立4校で甲子園出場をほぼ独占している．一方，選抜では21世紀枠で選ばれることが多く，松江北高校，隠岐高校，益田翔陽高校，平田高校と全国最多の4校がこの枠で出場している．また，近年では少子化による高校の統廃合を防ぐため，島根中央高校などの県立高校も県外からの留学生を積極的に受け入れている．

> 主な高校

出雲商（出雲市，県立）　春1回・夏1回出場　通算0勝2敗

　1918年組合立実業学校として創立．19年今市実業学校と改称し，20年簸川郡立，23年県立に移管．29年今市農商学校，33年今市商業学校と改称．48年の学制改革で県立出雲商工高校となった．翌49年県立出雲農業高校と統合して県立出雲産業高校となる．その後，農業科，工業科が分離し，63年に県立出雲商業高校と改称した．

　46年創部．出雲産業時代の62年選抜に初出場．出雲商業に改称後の89年には夏の大会に出場した．

石見智翠館高（江津市，私立）　春1回・夏10回出場　通算5勝11敗

　1907年川本女学館として創立し，川本家政高校を経て，63年江津女子高校と合併して江の川高校となる．2009年石見智翠館高校と改称．

　1966年に創部し，75年夏に江の川高校として甲子園初出場．88年夏ベスト8に進み，2003年夏には島根県勢としては80年振りに甲子園ベスト4まで進出した．関西出身の選手が多い．

大田高（大田市，県立）　春3回・夏3回出場　通算0勝6敗

　1920年県立大田中学校として創立．48年の学制改革で大田高校となり，49年大田女子高校を統合した．

　32年に創部し，37年夏に甲子園初出場．戦中戦後を通じて6回出場している．

開星高（松江市，私立）　春3回・夏10回出場　通算3勝13敗

　1924年創立の松江ミシン裁縫女学院が前身．36年松江洋裁女学校，46年松江高等実践女学校と改称．48年の学制改革で松江家政高校となった．77年共学化して松江第一高校と改称．94年には開星高校と改称した．

　88年に創部し，広島県の府中東高校を甲子園に導いた野々村直通監督が就任．松江第一高校時代の93年夏に甲子園初出場．2001年夏に開星高として2度目の出場を果たすと，以後20年間で春夏合わせて甲子園に12回出

Ⅲ　営みの文化編

場している.

江津工 (江津市, 県立)
春1回・夏1回出場
通算1勝2敗

1902年に創立された那賀郡立蚕業講習所が前身. 同校は12年那賀郡立農事講習所を経て, 21年郡立女子農学校, 29年県立高等実業女学校と改称. 34年に改めて県立江津工芸学校が創立され, 40年県立江津工業学校と改称. 48年の学制改革で県立江津工業高校となる.

47年に軟式で創部し, 48年9月に硬式に転向. 70年選抜に初出場. 続いて夏も出場し, 鹿児島商工を降して初勝利をあげている.

大社高 (出雲市, 県立)
春2回・夏8回出場
通算6勝10敗

1898年簸川尋常中学校として創立. 1900年県立第三中学校, 07年杵築中学校, 26年大社中学校と改称. 48年の学制改革で大社第一高校となり, 49年大社第二高校(旧大社高女)と統合して大社高校となる.

1889年頃から野球が行われ, 1901年に正式創部. 15年夏の第1回大会予選では山陰代表決定戦まで進出した. 17年夏に初出場し, ベスト4まで進出. 戦前だけで3回出場. 戦後も83年の選抜でベスト8まで進んでいる. 21世紀以降も夏の県大会決勝に4度進みながら, いずれも敗退している.

邇摩高 (大田市, 県立)
春2回・夏0回出場
通算0勝2敗

1903年邇摩郡立石東農学校として創立し, 37年県立に移管. 41年県立仁万農林学校と改称した. 48年の学制改革で県立仁万農林高校となり, 翌49年県立温泉津高校と合併して, 県立邇摩高校と改称した.

50年創部. 66年選抜に初出場. 91年選抜で25年振りに出場した.

浜田高 (浜田市, 県立)
春4回・夏11回出場
通算9勝15敗

1893年島根県第二尋常中学校として創立. 99年島根県第二中学校, 1901年県立第二中学校, 07年県立浜田中学校と改称. 48年の学制改革で浜田第一高校となり, 翌49年浜田第二高校(旧浜田高女), 浜田市立家政高校(旧浜田実践高女)と統合して県立浜田高校となった.

01年創部. 夏の予選には16年の第2回大会から参加. 51年の選抜で初出場を果たした. 70〜80年代には常連校として活躍. 春夏合わせて15回の

出場は県内最多を誇る．97年からは和田毅投手を擁して2年連続して夏の甲子園に出場し，98年夏はベスト8まで進んでいる．近年は2004年夏に出場している．

浜田商（浜田市，県立）
春0回・夏2回出場
通算1勝2敗

1965年に創立し，同時に創部．73年夏に甲子園初出場，甲府工業を降して初戦を突破した．86年夏にも出場している．

益田高（益田市，県立）
春1回・夏1回出場
通算1勝2敗

1912年益田町立女子技芸学校として創立．後に県立に移管して益田高等女学校となり，48年の学制改革で県立益田高校となった．

49年創部．78年選抜で初出場．82年夏には帯広農業を降して初戦を突破したが，この試合で9回表に4人がアウトとなる"4アウト事件"が起こっている．

益田翔陽高（益田市，県立）
春1回・夏2回出場
通算0勝3敗

1921年県立益田農林学校として創立．48年の学制改革で県立益田農林高校となったが，翌49年県立益田高校に統合された．53年益田高校から分離して独立し，益田産業高校となる．67年益田農林高校に改称したが，94年再び益田産業高校に戻っている．2006年益田工業と統合して，県立益田翔陽高校と改称．

1953年の分離の際に創部．益田産業時代の58年夏に甲子園初出場，91年夏には益田農林として出場．2013年選抜には益田翔陽高校として21世紀枠代表に選ばれた．

益田東高（益田市，私立）
春0回・夏4回出場
通算0勝4敗

1930年私立益田家政学院として創立し，後に益田家政女学校と改称．48年の学制改革で益田家政高校となる．69年益田学園高校と改称し共学化．78年私立益田工業高校と合併して益田東高校となった．

79年に創部し，80年から県大会に参加．84年夏甲子園に初出場した．以後，夏の大会に4回出場．近年では2018年夏に出場している．

松江北高（松江市，県立）
春2回・夏2回出場
通算3勝4敗

1876年教員伝習校変則中学校として創立し，77年松江中学校となる．86年島根県尋常中学校，1907年県立松江中学校と改称．48年の学制改革で松江第一高校となり，翌49年松江第二高校（旧松江高女），松江市立高校（旧松江市立高女）と統合して県立松江高校となる．61年松江北高校と改称．

1884年頃から野球が行われていたという県内最古の歴史を持つ．夏の予選には1915年の第1回大会から参加し，23年夏には全国大会準決勝まで進む．戦後第1回の46年夏でもベスト8．2002年選抜に21世紀枠代表として55年振りに出場した．

松江商（松江市，県立）
春7回・夏3回出場
通算7勝10敗

1900年島根県商業学校として創立．01年県立商業学校，33年県立松江商業学校と改称．48年の学制改革で松江商業高校となる．49年松江工業高校と統合して松江産業高校となったが，53年松江商業高校に復活．

04年に創部し，22年全国大会に初出場，ベスト8まで進んだ．戦前5回を含め春夏通算10回の出場を誇るが，80年選抜を最後に出場していない．

立正大淞南高（松江市，私立）
春0回・夏2回出場
通算3勝2敗

1961年淞南高校として創立．70年松江日大高校，1992年淞南学園高校，2001年立正大淞南高校と改称．

創立と同時に創部し，2009年夏に甲子園に初出場．いきなりベスト8まで進んだ．2度目の出場となった12年夏も初戦を突破している．

㉝島根県大会結果（平成以降）

	優勝校	スコア	準優勝校	ベスト4		甲子園成績
1989年	出雲商	4－2	松江東高	平田高	益田農林	初戦敗退
1990年	津和野高	5－2	江の川高	益田農林	淞南学園高	初戦敗退
1991年	益田農林	7－2	隠岐高	津和野高	大田高	初戦敗退
1992年	大社高	5－3	江の川高	出雲西高	淞南学園高	初戦敗退
1993年	松江第一高	16－3	松江工	出雲北陵高	大社高	初戦敗退
1994年	江の川高	5－2	大社高	益田東高	淞南学園高	初戦敗退
1995年	江の川高	10－3	松江商	松江南高	川本高	初戦敗退
1996年	益田東高	3－1	開星高	平田高	出雲北陵高	初戦敗退
1997年	浜田高	2－1	矢上高	大社高	松江商	初戦敗退
1998年	浜田高	7－4	三刀屋高	開星高	松江北高	ベスト8
1999年	浜田高	17－11	江の川高	三刀屋高	出雲工	初戦敗退
2000年	益田東高	2－1	淞南学園高	出雲北陵高	安来高	初戦敗退
2001年	開星高	21－0	出雲工	大社高	益田産	初戦敗退
2002年	開星高	8－4	立正大淞南高	松江北高	益田東高	初戦敗退
2003年	江の川高	8－3	隠岐高	松江農林	安来高	ベスト4
2004年	浜田高	5－3	浜田商	開星高	益田産業	3回戦
2005年	江の川高	5－1	大社高	立正大淞南高	開星高	初戦敗退
2006年	開星高	9－5	出雲北陵高	浜田高	大社高	初戦敗退
2007年	開星高	7－3	江の川高	浜田高	大田高	3回戦
2008年	開星高	12－1	大社高	松江南高	益田東高	初戦敗退
2009年	立正大淞南	12－3	大社高	益田東高	出雲商	ベスト8
2010年	開星高	4－0	大田高	浜田高	松江工	初戦敗退
2011年	開星高	12－2	石見智翠館高	松江商	大社高	2回戦
2012年	立正大淞南高	6－5	石見智翠館高	開星高	浜田高	2回戦
2013年	石見智翠館高	10－6	立正大淞南高	開星高	松江商	初戦敗退
2014年	開星高	9－4	大社高	大東高	安来高	初戦敗退
2015年	石見智翠館高	12－6	大東高	大社高	出雲商	初戦敗退
2016年	出雲高	6－1	立正大淞南高	大社高	開星高	初戦敗退
2017年	開星高	5－2	益田東高	浜田高	大社高	初戦敗退
2018年	益田東高	6－0	石見智翠館高	立正大淞南高	出雲商	初戦敗退
2019年	石見智翠館高	8－7	開星高	立正大淞南高	出雲商	初戦敗退
2020年	益田東高	10－5	立正大淞南高	三刀屋高	開星高	（中止）

やきもの

石見焼（大甕）

地域の歴史的な背景

島根県内には窯元が多く、90数カ所にも及ぶ。大別すると、出雲焼系と石見焼系に二分される。出雲焼は民芸陶器、石見焼は瓦や丸物と称された大型の半胴（甕）などの日常雑器である。

出雲焼は、江戸時代の中頃から見られるが、これは、松江藩7代藩主松平不昧による茶の湯に負うところが大きいだろう。一方の石見焼にはそうした画期的な背景はなく、発達したのは江戸も末期に近い文化年間（1804～18年）のことである。石見の窯業は、出雲のそれに比べると、決して順調な歩みではなかった。大甕から小物類まで盛んに焼かれるようになったが、海運が発達して需要が増えたからに他ならない。ただ、石見は陶土に恵まれており、それも幸いしたといえよう。

主なやきもの

石見焼

旧石見国（島根県西部）で焼かれた江戸中期以降の粗陶器の総称で、その名が文献に見えるのは宝永年間（1704～11年）のことである。

石見地方では、浜田市・江津市・温泉津町辺りに窯場が多い。その製品は、日常雑器類と赤瓦（石州瓦）に分けられる。現在、それは別々の窯で焼かれるが、かつては同じ窯でその両方が焼かれていた。

石見焼の日常雑器類は、半胴（甕）などの大物と、壺・甕・徳利・鉢・皿などの小物がある。大物は、光沢のある赤褐色の釉薬が掛けられた「赤物」と呼ばれるものが多い。この赤褐色の釉薬は、来待釉と呼ばれるもので、出雲の来待（現・松江市）の土を原料としている。大物の主流は、

5～8升入りの小型の甕や1～6斗入りの半胴甕である。さらに大きな1～2石入りの大甕(おおがめ)まで、紐づくりで製作されてきた。

　石見の甕類は、海運の発達と共に山陰・北陸・九州・瀬戸内海などへも船での販路が拡大。一時は、朝鮮半島までも運ばれた。石見の半胴船という言葉を、各地の港や漁村で耳にすることができるほどである。最盛期は大正末期で、100軒以上の窯があった、というが、昭和末期の生活需要の変化によって衰退した。

　一方、小物は、赤物の他に、白色胎土に透明の長石釉を掛けた「白物」と呼ばれるものも多く見られる。中には錆絵・白泥による文様の施されたものもある。小物に適した良質の陶土は、特に高田(江津市)と宇野(浜田市)辺りに多く、そこには最盛期には小物中心の窯元が20軒ほどみられた。しかし、大正初期から九州の大量の磁器製品に押されて、戦前にはその多くが姿を消した。

　石見焼で特筆すべきは、赤瓦である。赤瓦は、明治以降、盛んに焼かれるようになった。赤瓦とは、来待釉を掛けて焼いた陶器瓦のことである。価格は黒の素焼瓦に比べると高いが、強くて丈夫である。特に、水分が染み込みにくく、凍結による破裂の心配がほとんどない。山陰地方を中心に日本海沿いの地方でこの赤瓦が多く使われているのは、その利便があったからである。登り窯で焼いていたが、昭和30年代以降は、近代的なトンネル窯などを使って工場化していった。

　明治後期から昭和の初期にかけて、多くの石見焼の職人が「渡り職人」として各地の窯に出稼ぎにでた。その範囲は、小代・上野(あがの)・牛ノ戸・立杭・益子などの窯場の他、朝鮮半島や中国東北部にも及んでいた、という。

八幡焼(はちまん)

　能義郡広瀬町広瀬(現・安芸市)の富田八幡境内で焼かれた陶器。享保8(1723)年、八幡宮の神官である竹矢豊前(ちくやぶぜん)と広瀬藩士の熊谷由武(くまがいよしたけ)が作州の陶工吉五郎(きちごろう)に命じて境内に窯を築かせ、粗陶器をつくらせたのがはじまり、という。だが、そのできがあまり良くなかったため、長門から陶工理兵衛(りへえ)を呼び寄せたところ、より良い陶器がつくれるようになった。

Ⅲ　営みの文化編　　145

約60年後の天明6 (1786) 年、広瀬藩主松平直義がこれを藩営とした。そして、藩士の矢野忠統を陶師に命じ、広瀬藩の物産部に配した。その子忠篤も跡を継いだが、明治の廃藩置県によって民営化されることとなった。明治28 (1895) 年から、秦馬市がこれを継承。現在の当主は4代目で、祖父久七の陶芸名を世襲している。

八幡焼では、緑釉・飴釉・白釉・黒釉を用いたぼてぼて茶碗がよく知られる。これは、胴部が張った鉢形の厚手かつ大振りな茶碗で、出雲・石見地方に伝わるぼてぼて茶と呼ばれる茶粥を食するのに使われる。呉須茶碗とも呼ばれる青釉を施したものや黄釉・白濁釉のものもある。

他に、青釉を掛けた茶器や花器、鉢、湯呑などもあり、いずれも清楚にして堅緻なことで評価を得ている。

温泉津焼

温泉津は、古くからの湯の町である。かつては、東の大浦港、西の江津港と共に北前船の寄港地として栄え、石見焼や石見瓦の積み出し港としてもよく知られた。また、石見銀山の銀もここから運ばれていった。

温泉津には、窯場もみられる。宝永年間 (1704～11年) の頃に開かれたといい、一時は江津の窯場と優劣を競いあった、とも伝わる。それは、温泉津の松山地区には丸物に適した土が、井田地区には瓦に適した土が多かったことにもよるだろう。現在も、海岸からいくらか入り込んだ高台に、いくつかの窯が点在する。広義には石見焼であるが、茶器や茶器を焼きだした窯元が温泉津焼を名乗りだしもした。

最も古くからの窯元とされるのが松渓山窯である。この窯場には、安政2 (1855) 年改造という棟札があるので、開窯は、おそらく文化年間 (1804～18年) の頃と推定できよう。昔の窯は、18室1棟の登り窯だった、という。第2次大戦中、企業整備で一時休業したが、戦後間もなく再び開窯し、丸物と並んで民芸陶器にも力を注ぐようになった。現在は、透明釉・藁釉・来待釉などによる自然釉を主体とした花器や茶器が多くつくられている。

なお、現在、温泉津では、他にも池町窯・森山窯・椿窯など数窯が操

業している。

出西焼き

　出西焼は、簸川郡斐川町出西で焼かれた陶器で、昭和22（1947）年に民芸運動の影響を受けて5人の青年が創業した。その特徴は、当初から集団経営によることで、昭和30（1950）年には企業組合を設立した。運営は、総務・原料・成形・焼成・小売卸し・研究という部門を設け、それぞれ分担して共同で作業を進める。役割を時に交換するなど、創業以来こうした体制で研鑽を積んできた。現在では20人近くが作陶に励んでいる。

　製品は、土瓶・湯呑・組皿・鉢・大皿など生活雑器が中心である。鉄釉・飴釉・白釉などに刷毛目の技法などを用いたものが多い。

Topics ● 石州瓦

　石見焼の赤瓦として、すでに紹介したところであるが、なお付記することにする。近世までさかのぼってみると、日本で一番古い釉薬瓦だからである。

　古来、最も広く分布をみたのは、素焼の瓦である。還元焼成されているので、灰黒の瓦である。現在も、各地で焼かれている。

　石見焼の赤瓦は、石州瓦とも呼ばれている。石州瓦は、素焼の瓦に比べると耐寒性があり割れにくいので、北前船によって冬の寒さが厳しい日本海岸の津々浦々に運ばれ、広まった。一方で、内陸部の広島の中部、現在でいう東広島市あたりの一帯でも石州瓦がよくみられる。山陽新幹線の車窓から見えるその家並はほとんどが赤瓦で、美しい。これは、石見の瓦職人が、冬の出稼ぎやその後の移住によって定着し、窯を開いて量産したためである。岡山県津山市や山口県厚狭などにも、こうした転出窯がみられる。

　なお、赤瓦の家並が続く石見銀山の大森や温泉津の町並は、世界遺産にも登録されている。

Ⅲ　営みの文化編　　147

IV

風景の文化編

地名由来

「出雲県」のほうが良かったのでは？

　島根県と鳥取県をつなげて地図で見てみよう。どこが中心かと言えば、島根県では松江市と出雲市、鳥取県では米子市と境港市である。この4つの都市はまるで県境に寄り添うように集まっている。島根県にはこの2つの都市を除くと大きな都市はなく、鳥取県では鳥取市まではるか長い距離がある。

　この両県はもともと同じ県と考えたほうがよいとも言える。人口から見ても鳥取県はおよそ58万、島根県はおよそ70万で、鳥取県が最下位で、島根県がその次の46位である（平成13年10月1日現在）。2つを合わせても130万弱で、埼玉県のさいたま市と同じ規模である。

　島根県という名前が誕生したのは明治4年（1871）11月のことで、「松江県」「母里県」「広瀬県」と隠岐が合併して成立した。しかし、明治9年（1876）8月、鳥取県（因幡国・伯耆国・隠岐国）を合併して大島根県が成立し、さらに明治14年（1881）9月には鳥取県が復活して現域が確定した。現在の島根県は旧出雲国・石見国・隠岐国の3つの国から成っている。

　ところで、この「島根県」という名前だが、出雲国の松江が「島根郡」と呼ばれていたので、この県名がついた。朝敵とされた松江藩であったので、「松江」という名は許されず、郡名をとったという次第だ。だが、これで良かったか？

　「松江」という名前は、中国浙江省の西湖に臨む風光明媚な「松江府」にちなむと言われている。確かに、城があり、湖があり、文化もあって地方都市としては極めて魅力に溢れる町である。それに対して「島根」はどうか。『出雲国風土記』には「島根とよぶわけは、国を引きなされた八束水臣津野命がみことのりして、名を負わせ給うた。だから島根という」とあるが、これだけでどんな意味があるかは判然としない。

　島根県のインパクトのなさは、この県名にあると言ったら言い過ぎか。

「松江県」のほうがまだ印象が強いし、さらには「出雲県」でも良かった。明治政府は旧国名を1個もつけさせなかったが、これは今考えれば暴挙であった。これまで地名研究で明治新政府による旧国名抹殺を正面に論じたものはないが、明らかにこの政策は日本史上最大の地名改変であった。これについては改めて論じたい。

とっておきの地名

①三瓶山（さんべさん） 　県のほぼ中央部で、旧出雲国と石見国の国境に位置する。「男三瓶山」（親三瓶山とも）（1,126メートル）を主峰とし、その南東に「女三瓶山」（母三瓶山とも）（957メートル）、南に「子三瓶山」（961メートル）、そしてその南に「孫三瓶山」（907メートル）、さらに女三瓶山の南に「大平山」（855メートル）の五峰が環状に連なっている。中心には火口湖があり、これらの山々は溶岩によって形成されたものである。

古くは「佐比売山」と呼ばれていたが、奈良時代の二字好字政策によって「三瓶山」と記されるようになったという。「さひめ」とは出雲国と石見国の「境い目」によるという説もある。『出雲国風土記』には、八束水臣津野命が国引きを行った際の杭をこの地に打ち込んだと記される。

神話に彩られた山だからこそ、家族の名前がつけられたのであろう。

②宍道湖（しんじこ） 　夕景の美しさで知られる「宍道湖」の「宍道」とは、古代出雲国の「意宇郡」の中の「宍道郷」に由来する。「宍道」は古代においては「ししじ」と読んでいたが、今は「しんじ」と読んでいる。

つい最近まで、宍道湖の南西部に「宍道町（しんじちょう）」という町があった。明治22年（1899）に意宇郡「宍道村」として発足し、昭和2年（1927）に「宍道町」となったが、平成17年（2005）に松江市に合併されて、今は松江市宍道町となっている。

「宍道」の由来は、この地にある「石宮神社（いしのみや）」にあると言われている。神社の看板にはこう書いてある。

「出雲の国を治めておられた大穴持命（大国主命）が犬を使って猪刈り（いのししがり）をされました。この追われていた二匹の猪と犬は石となって今でも南の山

Ⅳ　風景の文化編

に残っている。この故事より（猪のとおった道という意味から）この地域を猪の道＝宍道と呼ぶようになりました」

これは『出雲国風土記』をもとにして書かれたもので、およそ1300年も前の話である。「シシ」という言葉は、猪に限らず、もともと鹿などの野獣を指したもので、漢字としては「猪」「鹿」「獅子」「宍」などが当てられる。

③玉造温泉（たまつくりおんせん）

松江市玉湯町玉造にある山陰を代表する温泉の1つ。『出雲国風土記』には「国造（くにのみやつこ）が神吉詞（かむよごと）の望（ほがい）に、朝廷に参向するときの、御沐（みそぎ）の忌里（いみざと）である。だから忌部という。ここの川（玉造川）のほとりに温泉が出ている。出湯（いでゆ）のある場所は、海と陸と〔の風光〕を兼備したところである。それで男も女も老いも若きも、あるいは陸の街道や小路をぞろぞろ歩いて引きもきらず、あるいは海中の洲に沿って日ごとに集まって、まるで市がたったようにみんな入り乱れて酒宴をし遊んでいる。一度温泉に洗えばたちまち姿も貌もきりりと立派になり、再び浸ればたちまち万病ことごとく消え去り、昔から今にいたるまで効験がないということはない。だから世間では神の湯といっているのである」と記されている。

つまり、この地は古来忌部の住みついた地域であり、温泉で栄えたというのである。忌部とは古代朝廷の祭祀を司っていた氏族であり、天皇の皇位の印である三種の神器の1つ、八坂瓊勾玉（やさかにのまがたま）をはじめとし、多くの玉類をこの地で作ったとされている。

④知夫（ちぶ）

隠岐郡にある「知夫村」。古くは「知布利」「知夫利」「知夫里」などとも書き、奈良時代の二字好字政策で「知夫」と2文字になったともいうが、戦国期にも「知夫利」などと書かれているのを見ると、江戸期以降のことであろう。もともとは「チブリ」で今も島の名前は「知夫里島」となっている。古代から現在まで1島1村であることで知られる。

由来としては、隠岐群島の南端にあって、本土との往来の場合必ず寄港したことから、道路の神である「道触神（みちぶりのかみ）」を奉祀して海路の安全を祈ったことから「知夫里」と呼ばれたとされる（『角川日本地名大辞典 島根県』）。

⑤斐伊川(ひいかわ)

　　出雲最大の流域面積を誇る川で、宍道湖に注ぐ。『古事記』には「肥の河」とあり、もとは「肥沃な川」の意味であったと考えられる。高天原を追放された須佐之男命(すさのおのみこと)が出雲国に降り立ったのがこの川の上流ということになっており、そこで老夫婦と出会うことになる。歎き悲しんでいるので、その訳を訊くと、「自分たちには8人の娘がいたが、毎年高志（越）の国から八俣のおろちがやってきて、娘を喰ってしまう」と言う。そこで命は残された「櫛名田比売(くしなだひめ)」と結婚し、その八俣のおろちを退治するという神話である。

　斐伊川は全国に多数分布する「氷川神社」のもとでもあり、その意味でも重要な地名となっている。

⑥安来(やすぎ)

　　安来節と「どじょうすくい踊り」でも有名な安来市。鳥取県との県境にあり、古代の歴史の中心とも言われる。『出雲国風土記』では、「神須佐乃烏命(かみすさのをのみこと)は天の壁を立て廻しなされた。その時、このところに来てみことのりして、『私の御心は安平く成った（落ちついた)』と仰せられた。だから安来というのである」とある。つまり、須佐乃烏命がこの地に来て、心安らかになったので、「安来」という地名になったというのである。

　このような事実があったとすれば、この「安来」も、いい加減に無くしてはいけない地名である。

⑦温泉津温泉(ゆのつおんせん)

　　山陰でも名高い温泉の1つ。「温泉津温泉」で、「津」をはさんで「温泉」という文字が繰り返される珍しい地名である。この地域はもともと石見国の邇摩郡(にまのこおり)の「湯泉郷(ゆのごう)」と呼ばれていたところで、「温泉郷」を「ゆのごう」と読んでいたところを見ると、もともと「湯の郷」であったのだろう。その「湯」に「温泉」という文字をあてはめたということだ。

　『温泉津物語』（温泉津町観光協会編）にはこう書いてある。

　「中世から日本の大銀山としてあらわれてくる石見銀山を背景にして、港として温泉津は早くから知られていたらしく、中国の明（1368〜1644）の古文書に『有奴津(ゆぬつ)』として出てくるところをみると、既に南北朝のころに温泉津と称されていたと思われる」

Ⅳ　風景の文化編　　153

石見銀山は大永6年（1526）に九州の豪商神谷寿禎（かみやじゅてい）によって発見されたとされ、ここで採れた銀は遠くヨーロッパまで運ばれ、未曽有のシルバーラッシュを実現させた。平成19年（2007）、その功績を認められ、世界産業遺産に指定された。

難読地名の由来

a.「秋鹿」（松江市）**b.**「手結」（松江市）**c.**「薦津」（松江市）**d.**「十六島」（出雲市）**e.**「神門」（出雲市）**f.**「遥堪」（出雲市）**g.**「仁万」（大田市）**h.**「飯生」（安来市）**i.**「亀嵩」（仁多郡奥出雲町）**j.**「犬来」（隠岐郡隠岐の島町）

【正解】
a.「あいか」（この地に秋鹿日女命（あいかひめのみこと）が住んでいたことにちなむ）**b.**「たゆ」（共同作業の「結（ゆい）」に由来すると思われる）**c.**「こもづ」（「薦」とは植物のマコモのことで、昔はむしろの材料として使用された。そのマコモが生えていた湊の意味であろう）**d.**「うっぷるい」（十六善神の伝説など諸説ある。アイヌ語か）**e.**「かんど」（旧神門郡にちなんで、昭和18年に命名。神の入口という意味か）**f.**「ようかん」（出雲大社を遥かに望むところからか）**g.**「にま」（旧邇摩郡（にまのこおり）に由来するが、「沼」の転訛か）**h.**「いなり」（式内社「意多伎神社」（稲荷神社）に由来する）**i.**「かめだけ」（松本清張の『点と線』で有名になった。地形によるものと考えられる）**j.**「いぬぐ」（伊耶那岐命が犬を連れて隠岐に渡来したという伝承がある）

商店街

京店商店街（松江市）

島根県の商店街の概観

　島根県は人口が69.4万人（2015年）と鳥取県に次いで少なく、市の数こそ8市であるが、人口10万人以上の都市は松江市（20.6万人）、出雲市（17.2万人）の2市しかないことからも、商業機能の集積は県庁所在地の松江市を除くと低調となっている。本格的なデパートも、松江市に存在するだけである。それぞれの市には地域の中心となる商店街があったものの、郊外での大型店の立地や、高速道路の開通で広島市や鳥取県西部の店舗への買い物客の流出も見られるようになっている。

　松江市は県庁所在地として一定の購買力があり、城下町起源の中心商店街として「京店」や「茶町」がある。しかし、郊外化の進行と郊外型店舗の増加やデパートを含む松江駅周辺への大型店の出店により、中心商店街の空洞化が著しく、買回り品を扱う店舗の減少とその代わりに飲食店が増加する傾向が見られる。出雲市は室町時代から市場町としての歴史がある今市地区にアーケードを持つ中心商店街があるが、市街地の北部に大型店が出店したこともあり、和菓子店・酒蔵・麹屋など自店で製造販売する店舗以外は閉店したところが多い。出雲市駅前にあったデパートもホテルに建て替えられ、その一階に小規模な店舗として入店しているほどである。一方、同じ出雲市ではあるが、出雲大社の鳥居前町である大社町（2005年出雲市へ合併）の「神門通り」は、参詣客をはじめとする観光客を対象とした商店街として活性化されている点が注目されている。

　石見地域の行政上の中心は、元は城下町として栄え、現在は漁港と水産加工で知られた浜田市である。ここも城下町起源の商人町は衰退が著しく、大型店の立地もあって和菓子やかまぼこ製造の老舗以外は閉店した店舗が多い。比較的新しい商店街である浜田駅前の「銀天街」も小売店の閉店が相次ぎ、代わって居酒屋など飲食店が立地するようになっている。石見東

【注】この項目の内容は出典刊行時（2019年）のものです

部には石州瓦や製紙工場で有名な江津市が位置し、「江津駅前商店街」がある。郊外店舗の立地により精彩を欠いていたが、近年、若手商店主を中心に「江津万葉の里商店会」が結成され、活性化の取組みがなされている。

　石見西部の益田市では、JR益田駅から県道54号線を東に向かった本町に中心商店街があるが、近年は市街地西部の高津地区の国道191号線（北浦街道）に沿ってゆめタウン益田や家電量販店、ファミリーレストランなどが多数立地している。広範囲から消費者を集めており、渋滞が発生するほどの賑わいがある。また、山陰の小京都と知られる城下町津和野町は、鯉の泳ぐ白壁の通りである「殿町通り」だけでなく、「本町・祇園丁通り商店街」も、歩車共存道路化、電線類の地中化、歩道の美装化などが行われて、商店街の魅力が高まっており、観光客も増加している。

　隠岐地方では、島後の隠岐の島町西郷に行政・商業・交通など都市機能が集中している。商店街は西郷港から八尾川の左岸に沿う西町地区を中心として形成されている。しかし、ここでも核となるスーパーマーケットの閉店や郊外に大型店が立地したことから、西郷港付近の飲食店を除き閉店している店舗が増加している。細長く続く「西町商店街」は、中央付近にある八尾川に架かる橋（篤志家により1929年完成）にちなんで「愛の橋商店街」と呼ばれており、パン製造販売店、和菓子店、カフェなどが地元客だけでなく観光客からも親しまれている。

行ってみたい商店街

京店商店街、茶町商店街、本町商店街、天神町商店街（松江市）
―県都の中心商店街―

　松江市の中心商店街の名称。松江は1600年に出雲・隠岐24万石の領主となった堀尾吉晴が築城した城下町（堀尾氏三代以後、京極氏一代、松平氏十代）で、宍道湖から中海に通じる大橋川と京橋川との間に商人町が形成された。それが現在の京店商店街と茶町商店街で、松江駅から少し離れた松江大橋を北に渡った位置にある。京店商店街は末次本町に位置し、石畳の街路にハート形の石が埋め込まれていることで人気がある。江戸時代創業で松江藩御用達の和菓子店をはじめ、1886年創業の呉服店や1901年創業の婦人服店など老舗店舗が今も立地している。木製の松江城模型を扱う模型店などユニークな店舗もあるが、最近は土産物店や飲食店が増加している。なお、京店の名称は、1724年に5代藩主宣維が京都から奥方・岩姫を迎えた際に、末次本町を京風のつくりにしたのでその名が付いたとしている。

　茶町商店街は東茶町・中茶町・西茶町に分かれている。町名の由来は茶店が多くあったことや茶屋という豪商がいたからと言われている。東茶町は京店商店街の西に連なっており、呉服店、婦人服・子ども服店、畳店などの買回り店舗や「むし寿司」で知られる1887年創業の寿司店もある。国道431号線を西に越えると中茶町となり、呉服や陶器・漆器・美術品を扱う店もあるが、名物出雲そば店をはじめとする飲食店が増加する。西茶町には1892年創業で趣のある煎茶製造販売店がある。

　本町商店街は松江市白潟本町にあり、松江大橋を南に渡った通り沿いにあり、さらに白潟天満宮への参詣路として賑わっていた松江天神町商店街へと続く。ともに城下町の町屋の位置にあるが、店舗は減少傾向にある。

　松江市の大型店は、唯一のデパートである一畑百貨店が1958年に三越（当時）と提携して殿町に開業し、1981年にはジャスコ松江店を核店舗とする商業施設「ピノ」が、1994年に松江駅の東部にあった製糸工場跡地に松江サティ（現・イオン松江ショッピングセンター）が開店した。このあおりを受け、1996年にはジャスコ松江店が撤退し、「ピノ」は閉店となった。その跡に、店舗の拡大と高級化を目指して、1998年に一畑百貨店が移転・開業している。

一方、今までの伝統的な商店街は、大型店進出や郊外店増加の影響を受け、衰退が著しいなかにあって、京店や天神町商店街などは活性化対策がとられている。特に天神町商店街は歩道上のアーケードの枠下に電線を収納し、車道のかさ上げで歩道との段差がないバリアフリー街路を整備し、高齢者にやさしいまちづくりを行っており、中小企業庁の「がんばる商店街77選」にも選定されている。月1回の縁日の天神市には、通りが歩行者天国となり賑わう。

出雲大社神門通り商店街（出雲市）
―出雲大社参詣のためのメインストリート―

　出雲市大社町にある出雲大社参拝客を対象とした商店街の名称。神門通りは堀川にかかる宇迦橋のやや南にある港湾道交差点から始まるが、中心をなすのは宇迦橋北詰にある鉄筋コンクリート造の大鳥居（1915年完成、国登録有形文化財）から勢溜（せいだまり）の大鳥居前に至る一直線の街路である。参詣路としては比較的新しく、1912年に国鉄大社線が開通し、大社駅から出雲大社へ向かう直線路として1913年に現在の神門通りがつくられた。1930年に一畑電鉄大社線が開通し、大社神門駅（現・出雲大社前駅）が設置され、従来の馬場通りや市場通りに代わり新たな参詣路として賑わうようになった。沿道には多くの旅館、土産物店、飲食店が立ち並び、参詣客で賑わっていた。ところが、1960年代に入ると次第に自動車による参詣へと移行するようになり、1990年にはJR大社線も廃止となり、神門通りは往来する人も減少し、商店も2006年には22軒の店舗しかない状況となった。

　この通りの賑わいを取り戻すために県・市・地元が一体となって検討した結果が、街並みの景観統一と車歩共存の道路づくりであった。景観面では電線の地中化を進め、店舗も看板の大きさや色合いに制限を設けるとともに外壁を漆喰や板張りにするなど、門前通りにふさわしい和風建築にする取決めがなされた。2011年から出雲市の修景補助事業も始まり、空き店舗への出店助成制度もあって、2015年には72の店舗数を数えるようになった。道路も車道を意図的に狭め、歩道を広げて歩行者と自動車が道路空間を共有する新しい考えで整備されており、歩行者にやさしい構造になっている。

　商店街歩きには、ぜひ旧JR大社駅からスタートしたい。駅舎（国重要文化財）は1926年に改築された社殿風の建物で、かつての栄華が忍ばれる。

構内にはD51型蒸気機関車が保存・展示されている。駅前広場の先を右折ししばらく行くと大鳥居（一の鳥居）があり、この先から神門通り商店街となる。松並木のある道を200mほど進むと右手に一畑電鉄出雲大社前駅（国登録有形文化財）があり、構内には映画『RAILWAYS 49歳で電車の運転士になった男の物語』で使用されたレトロな電車が保存されている。このあたりから出雲そばやぜんざいを販売する飲食店および土産物店が増加する。日除けのれんや大黒様の石像を見ながら行くと、右側に神門通りおもてなしステーションがある。ここで観光情報を入手し、さらに進むと旧の出館（国登録有形文化財）や皇族の宿泊先でもあった竹野屋旅館（ミュージシャン・竹内まりやの生家）が現れ、少し坂を登ると二の鳥居前の広場である勢溜に至る。ここから南方向に目をやると、一直線に連なる神門通りが見事に見える。ここから北へ参道を200mほど進むと、出雲大社本殿となる。

銀天街（どんちっちタウン）(浜田市)
―石見神楽の中心・浜田市にある浜田駅前商店街―

島根県西部の石見地方の中心都市浜田市にある駅前商店街の名称。浜田市は、鎌倉時代から港湾機能で栄え、1619年に5万石浜田藩主となった古田重治によって建設された城下町が現・浜田市の母体となった。そこに配置された商人町が中心商店街を形成したが、西寄りの京町・錦町・蛭子町は次第に寂れ、1899年に陸軍歩兵21連隊が市街地東部の黒川地区（現・県立浜田高校の位置）に設置されたことや、1921年の山陰本線浜田駅開設で商業機能の中心は東部の新町・紺屋町に移り、さらに連隊に続く道沿いに朝日町商店街が形成された。

浜田駅前にある「銀天街」の成立は新しく、駅の東南部にあった道分山（どうぶんざん）を切り崩し、十字に交わるように道を配し、それに沿うようにして1973年に誕生した商店街が「浜田駅前銀天街」である。愛称の「どんちっちタウン」の「どんちっち」の言葉は、神楽のお囃子の調子を「どろろんちっち、どんちっち」と表現することに由来している。浜田駅を降りると、どんちっち神楽時計が出迎えてくれる。この時計は2003年につくられたからくり時計であり、朝8時から夜9時までの毎正時になると、土台部から囃子手が登場してお囃子を奏で始めた後、神楽殿から現れた大蛇が霧を吐きながら暴れ、そして最上段から須佐之男命が登場し大蛇の首を討ち取るシーンが演じられる。その先にある神楽像のアーチをくぐると十字路に出

IV　風景の文化編

浜田駅前通常位置の時計台

る。まっすぐ進むと昭和通り、東西方向が東通りである。これらの商店街には当初買回り品店が並んでいたが、次第に撤退し、駅周辺にビジネスホテルが多数立地したこともあり、現在は飲食店のほうが多くなっている。

　高級品を扱うデパートとしては、銀天街付近に一畑百貨店浜田店と福屋浜田店（1993年開店）が婦人服やギフト商品を中心とする小規模な店舗を構えていたが、一畑百貨店は2016年に撤退している。大規模店舗としてはニチイを核とする浜田サティが相生町に開店（1982年）したが、2002年に閉店し、店舗跡はイズミ系列のシティパルク浜田（2003年開業）、2013年にはゆめマート浜田となっている。また、市街地西部の港町の工場跡地にはゆめタウン浜田が開業（1994年）し、日用品だけでなく買回り品でも集客力を高めている。一方、買回り品の購入には、浜田道の開通（1991年）で広島まで短時間で行くことができるようになったため、若い世代を中心に広島市内に出向くようになっている。また、ユニクロやイオンなどの量販店が多数立地している益田市への流出も著しい。そのような状況下でも、赤く舗装された直線路の朝日町商店街にあるかまぼこ店の「赤天」や、新町の和菓子店の「利休まんじゅう」など老舗の味を守っている店舗もあり、ランプ状の街灯のある紺屋町商店街などを歩くことで、浜田の魅力を感じることができる。

花風景

津和野のハナショウブ

地域の特色

日本海に沿って細長く東西に延びる県であり、北には隠岐諸島を有し、南には中国山地が連なる。硬い溶岩が盛り上がってできた溶岩ドームの三瓶山や玄武岩などの柔らかい溶岩でできた火山地形の中海の大根島や宍道湖の嫁ヶ島などが見られる。出雲の神話にも出てくる神戸川や斐伊川が出雲大社のある出雲平野や松江城のある松江平野をつくった。石見、津和野などの歴史のある町もあり、由緒ある寺院などもある。日本海側の暖温帯の気候を示す。

花風景は、近世の城郭跡や近代の河川堤防のサクラ名所、武家屋敷の草花、園芸用の花き栽培の生産地、寺院や公園の花木、離島の花木園、伝説の池の湿原植物などが特徴的であり、自然地域の花は比較的少ない。

県花はNHKなどによって選ばれたボタン科ボタン属の落葉樹のボタン(牡丹)である。中海の大根島が、近世からボタンの一大生産地を形成してきたことにちなむ。園芸品種が多く、花の色は多彩で、一重、八重、中輪、大輪など形も豊富である。中国では古来「富貴花」「花の王」と絶賛されてきた。

主な花風景

松江城山公園のサクラとヤブツバキ
*春・冬、史跡、日本さくら名所100選

松江平野の小丘陵上に1611 (慶長16) 年に堀尾氏が築城した松江城の城内に設けられた公園。春先には本丸のソメイヨシノが天守閣をひきたたせ、冬には本丸西側の椿谷にあるヤブツバキがそこここに花をつける。1871 (明治4) 年に廃城となった後、天守閣も取り壊される予定であったが、旧藩士が地元の豪農に保存の支援を求め、落札価格と同額を政府に納めることで、天守閣が存続することとなった。明治20年代にサクラ類の植樹が行

凡例　＊：観賞最適季節、国立・国定公園、国指定の史跡・名勝・天然記念物、日本遺産、世界遺産・ラムサール条約登録湿地、日本さくら名所100選などを示した

われた記録があり、現在は、本丸を中心にソメイヨシノが植栽されているが、本数は多くはない。ヤブツバキが赤、ピンク、白の花をつける椿谷には、江戸期からあったと推定されるスダジイやタブノキの古木が多い。ヤブツバキの古木もあり、もともとツバキ油の採取用に栽培されていたものの名残とみられる。現在あるヤブツバキは、戦後、椿谷を公園として整備する際に植栽を行い、昭和40年代に運動施設を撤去した跡地にさらに植栽されたものである。椿谷に200本以上と最も多く見られるが、城内には合わせて400本以上のヤブツバキがある。

斐伊川堤防のサクラ　＊春、日本さくら名所100選

　斐伊川は、鳥取県境の船通山を源とし、島根県東部を北流し出雲平野を貫き、宍道湖、大橋川、中海、境水道を経て日本海に注ぐ。この中流域、雲南市木次では、春になれば堤防上に約2キロにわたって植えられたサクラの花の下を通り抜ける花見の人が絶えない。斐伊川は古来より氾濫を繰り返し、流域に多大な被害をもたらし恐れられ、神話の八岐大蛇の正体ともいわれる。この斐伊川の堤防に、1920（大正9）年頃から木次町民によってサクラの植栽が始められ、その後、昭和の御大典記念事業として昭和初期に本格的に堤防一帯に植えられたという。

　旧木次町ではサクラを町のシンボルとし、サクラの管理のための「さくら守」を制度化し、一本一本のサクラを台帳化して年間を通じた管理作業を行ってきた。1988（昭和63）年には、全国の自治体に呼び掛け、「さくらサミット」を木次町で開き、現在まで自治体の連携が続けられている。堤防には約800本のソメイヨシノが植えられているが、樹齢も高く、その維持には相当の努力が払われている。

月照寺のアジサイ　＊夏、史跡

　松江城の西側1キロほどの小高い丘に月照寺はある。初夏には紫、薄紫、水色のアジサイが参道の両脇にあふれ、石灯籠を包み込み、訪れる人が絶えない。

　寺は松江藩松平家の初代から九代藩主までの墓所である。小泉八雲はこの寺を好み、ここに埋めてほしいと語ったといわれるが、「知られぬ日本の面影」の中で、境内の大亀が夜な夜な動き出して蓮池で泳ごうとし、

頭を折られたとの話を紹介し、大亀の寺としても知られる。石の大亀は不昧公として知られる七代藩主治郷がその父宗衍の長寿を祈願して置いたものである。ハス池は、境内で最も広い初代藩主直政の廟所に、アジサイに囲まれて広がっている。花期には、アジサイと紅いハスの花のコントラストも美しい。

津和野のハナショウブとツワブキ　＊春・秋、重要伝統的建造物群保存地区

　島根県の西端、津和野川が形づくった小盆地にある城下町。かつての武家屋敷があった殿町通りの掘割では、初夏には、1,000株ともいわれるハナショウブが開花し、白壁やなまこ壁が続く町並み、掘割とそこを泳ぐ鯉の風景を紫色、白色に彩る姿は、かつての初夏の城下町を彷彿とさせる。

　津和野城下町は、関ヶ原の戦後、坂崎直盛が藩政の基礎をつくり、直盛の没後、明治まで津和野藩主は亀井家が担う。殿町通りは、直盛が館を構えた地区で江戸期を通じて上級家臣の居住地であった。亀井家11代にわたり家老職を務めた多胡家の表門の他、藩校養老館の武道場などの建造物が残る。しかし、幕末頃の津和野を描いた図では、殿町通りは12間、20メートルを超える幅の広い通りが描かれており、掘割は見あたらない。城下町時代は今の掘割の底が道路面で、明治期の道路整備に際して盛土をし、通りの東側に水路を整備し、現在の姿となったとみられ、城下町時代の風景がそのまま現在に伝えられているものではない。ハナショウブは、幕末の絵図では、津和野藩庁内で植えられている様子が描かれ、江戸堀切より取り寄せ、栽培されていたことが確認できる。

　津和野の名は、かつてツワブキの生い茂る野であったことから名付けられたといわれ、町の花はツワブキである。殿町通りの掘割でも秋に黄色い可憐な花をつけるが、この地に生まれた森鴎外の墓所のある永明寺に多く見られる。

大根島のボタン　＊夏

　県の東端、中海にある玄武岩のほぼ平坦な島、大根島では、春には幾つもある牡丹園では大輪のボタンの花が広がる。品種は約300に及び、白系、赤系、ピンク系、紫系、黄系、黒系と多様。ボタンは島根県の花、松江市の花として地域を象徴する花となっている。

Ⅳ　風景の文化編

大根島のボタン栽培は、300年以上の歴史を持つという。昭和期に入ると急速に牡丹園が増加し、観賞用のボタン栽培が広がる。昭和30年代にはシャクヤクの台木にボタンを接合する接木栽培技術が確立され飛躍的に生産量が拡大し、輸出も開始された。その後促成栽培、抑制栽培の技術開発が進み、開花時期の調整が可能となった。特に抑制栽培は大根島独自の技術であり旧八束町が特許を取得している。ボタンの栽培面積は昭和50年代には60ヘクタールに達し、年間180万本余りを産出していたが、近年では80万本と半減し、栽培農家も減少傾向にある。

　大根島では天保年間（1830～44年）に松江藩により雲州人参の作付けが始められ、藩財政を支えたという。明治維新後、栽培が自由化されると全島をあげてニンジン栽培が行われ、生産量は飛躍的に増加した。その後、ボタン栽培が拡大するが、もともとニンジンの栽培に利用されてきた耕地は狭く、機械化が図れず生産効率が上がらない。さらに、ボタンは4年から5年での連作障害があるなど産地を取り巻く状況は厳しい。しかし、持続可能なボタン産地づくりを目指した努力が続けられている。

三隅公園のツツジ　＊春

　県の西部、三隅川が日本海に注ぐ手前5キロほどの地点に三隅神社と境内に隣接する山の急斜面に三隅公園がある。4.5ヘクタールに及ぶ公園の下部には、ヒラドツツジやクルメツツジなど、約5万本が植えられ、春に斜面一面をピンク色、白色のツツジが覆う姿は圧巻。公園の上部は梅林となっており、初春には1,000本のウメが順次咲いていく。

　三隅の東方の高城山上に13世紀初めに益田兼信が居城を構え三隅氏を名乗る。三隅氏の四代、三隅兼連は、南北朝時代に南朝方の武将として戦い、三隅城で北朝方の城攻めを二度にわたって退けた。このため兼連は明治以降、忠臣として評価され、これを崇敬する地元民4千人余りが1928（昭和3）年に神社創建の請願を政府に提出し許可され、32（同12）年に高城山の麓に社殿が竣工する。その境内にツツジを植えたのが三隅公園のツツジの始まりとされる。

隠岐島後のオキシャクナゲ　＊春

　隠岐諸島は500万年から600万年前の火山活動で原型がつくられ、3島

で形成される島前と、ほぼ円形の島である島後に分かれる。島後の北西部、重酢湾が入り込んだ低地にある郡集落の奥、愛宕山麓の北向き斜面にオキシャクナゲが1万株、春の開花期には、濃淡のピンク色がスギ木立の合間に広がる。村上家隠岐しゃくなげ園である。

オキシャクナゲは、島後のみに分布し、わが国に自生するシャクナゲ4種のうちのツクシシャクナゲの品種で、葉が小さく花色も美しい。島後の山地に広く分布していたが、採取が続き減少し、島後東部の自生地は県の自然環境保全地域として保全されている。村上家隠岐しゃくなげ園は、明治初期洋風建築様式を今に伝える隠岐郷土館の裏手に位置する。旧五箇村村長も務めた村上八束が1970年代半ばに自宅の裏山2ヘクタールに8,000本の植栽を始め、10年ほどで花期には毎年報道されるようになった。山陰地方の花の名所として現在まで維持されている。

姫逃池のカキツバタ　＊春、大山隠岐国立公園

島根県のほぼ中央にある火山群、三瓶山の主峰の男三瓶山北麓、標高約600メートルの地にカキツバタが自生する姫逃池はある。初夏、池のほとりと池に浮かぶ浮島が紫の花に覆われる。ところどころに白色の花が見られる姿も美しい。

姫逃池は、山麓の傾斜変換点に位置する窪地の不透水層上にできた池で、深さは1メートル程度である。カキツバタ群落は1968（昭和43）年に県の天然記念物に指定され、地域の人々や来訪者に親しまれてきたが、2000（平成12）年頃には、著しい水位低下と水面縮小、草本類の繁茂が進み、池としての広がりが失われつつあった。このため、島根県により不透水層の造成などの水位回復工事が行われ水面は回復するが、他の植物に被圧され、開花するカキツバタの数は増えない。05（同17）年から、カキツバタと競合する種の刈り取りが春と秋に行われ、次第にカキツバタの優占度が高くなり、美しい風景を回復している。関係者による草刈りの継続が、風景を維持する上で欠かすことができない。

公園 / 庭園

国立公園隠岐

地域の特色

島根県は、中国地方の北西部山陰側に位置し、日本海に面して細長く延びる県である。南の広島県境には標高1,000m程度の中国山地が連なり、脊梁部となって山陽と分けている。西日本火山帯の旧白山火山帯に属し、流紋岩などの硬い溶岩が盛りあがってできた鐘状（トロイデ型）火山の三瓶山や青野山、そして玄武岩などの柔らかい溶岩でできた火山地形の中海の大根島や宍道湖の嫁ヶ島などが見られる。大根島はボタンの花とコウライニンジンの生産地で独特の風景を生みだしている。

島根県は、古くは東部の出雲、西部の石見、日本海の隠岐の国からなる。出雲は記紀などにも出てくる神話の地であり、古代に一大勢力があったとされ、今も出雲大社が賑わっている。出雲の神話にも出てくる神戸川や斐伊川が出雲平野や松江平野をつくった。斐伊川は宍道湖に注ぎ、宍道湖は河川で鳥取県にまたがる中海と連結し、中海は日本海につながり、宍道湖は汽水湖としてシジミの産地でもある。風光明媚な宍道湖には城下町の松江が発達し、小泉八雲（ラフカディオ・ハーン）などの文学を生んだ。この地域は古代よりたたら製鉄の技術で栄えたが、石見銀山は中世から近世にかけて世界の銀の3分の1を産出し、2007（平成19）年、世界文化遺産「石見銀山遺跡とその文化的景観」となった。

自然公園は隠岐、島根半島、三瓶山の国立公園を主として、都市公園・庭園は歴史的な城郭、史跡、寺院などに関するものが特徴的である。

主な公園・庭園

🈳 大山隠岐国立公園隠岐　＊世界ジオパーク、名勝、天然記念物

大山国立公園に戦後隠岐、島根半島、三瓶山などが編入され、大山隠岐国立公園と改称された。島根半島の沖合に隠岐諸島がある。3島からなる

島前、大きな1島の島後に分かれ、それぞれ多数の小さな島々がとり囲んでいる。島前の3島は環状に並び、火山の陥没地形の名残を示している。島前の国賀海岸は海食崖の絶壁、海食洞の洞門が発達し、その中の摩天崖は高さ約250mの垂直に切りたつ断崖であり、圧倒される。断崖の上は平坦地の牧場として牛が飼われている。隠岐は後鳥羽上皇や後醍醐天皇が都から追放により流された島であり、関連する史跡も多い。「牛突き」と呼ばれる隠岐の闘牛は後鳥羽上皇を慰めるために始まったと伝えられている。隠岐は、佐渡島や伊豆と同様、天皇、公家、高位の人などの流刑の配流の地となっていた。

大山隠岐国立公園島根半島・三瓶山　＊史跡、名勝、天然記念物

島根半島は日本海に面し、海食崖、海食洞、岩礁からなり、一部がリアス海岸となっている。半島西端の日御碕地先の経島はウミネコの繁殖地である。この公園の特徴は、出雲大社、日御碕神社、美保神社など人文景観が多いことである。出雲大社は古代の高床式の建築様式を伝える大建築であり、縁結びの神様や国生み神話の地として知られている。1903（明治36）年建設の日本一高い43mの日御碕燈台もある。

三瓶山は島根県中央部に位置する火山である。7座の山が火口を環状に囲み、主峰は男三瓶山（1,126m）である。火口には火口湖があり、山麓には噴火でできた堰止湖もある。山頂部はブナ林などの自然林が生育し、裾野には放牧のための草原が広がっている。

城山公園　＊史跡、国宝、日本の歴史公園100選

古来より松江は出雲地方の中心地であったが、近世に入り、関ヶ原の戦で武勲をあげた堀尾吉晴が松江城を普請し、城下町を整備して、今日にいたる松江の礎を築いた。その後江戸期は長く松平氏の治下にあり、維新後は島根県の県庁所在地として山陰地方の中心であり続けた。国宝松江城は美しい。天守閣が現存する全国12の城の一つであり、千鳥城という別名は、大空へ羽ばたく鳥を思わせるその姿からとの説がある。しかし、1873（明治6）年の廃城令に伴う措置により、買い戻された天守を除くすべての建物は払下げのうえ撤去された。明治20年代初め頃、城址はすでに市民の遊園地として利用されていたという。時代は下り1927（昭和2）年、松平氏が

IV 風景の文化編

所有する城址の一部を松江市に寄付したことをうけ、同市は公園管理規則を設け、城址を城山公園と命名した。ここに松江城は、城山公園として再生したのである。戦後1951（昭和26）年、松江市は奈良・京都と並んで国際文化観光都市となり、翌52（昭和27）年、城山公園は都市計画公園決定を受けた。松江市には、美しい景観や文化を世界に発信する責務が与えられ、その中心を、都市公園と位置付けられた城山公園が担うこととなったのである。その成果は、今日この場所に与えられた数々の称号からうかがうことができる。城山公園一帯は、「日本の歴史公園100選」「さくら名所100選」「日本の都市景観100選」「美しい日本の歴史的風土100選」に選ばれている。

　この公園を訪れた人が感じる美しさの核心は、コントラストにある。水の都松江の遊覧船による堀川（ほりかわ）めぐりは有名だが、木々の深緑の陰と、水に反射する光が対照の美を醸（かも）し出す。城山公園から塩見縄手（しおみなわて）の小泉八雲の旧居をめぐる堀端は、「日本の道100選」に選定されている。ここもまた、武家屋敷の佇（たたず）まいと整備された遊歩道が良好なコントラストを描いている。この土地の魅力とは、伝統の重みある静けさと、華やかな活気との対照に見いだせる。その象徴的存在が、この城山公園である。この地を中心とする城下町松江のまちづくりや景観保存には、市民グループが活躍しているが、そこでもまた、伝統と進取がせめぎ合い、交じり合っている。

都 田和山史跡公園（たわやましせき）　＊史跡、日本の歴史公園100選

　松江市の中心部から南へ3kmほど下った郊外に、田和山史跡公園はある。松江市立病院建設の際、発掘調査によって弥生時代の環濠（かんごう）が見つかった。通常の環濠集落（かんごうしゅうらく）とは異なり、建築物のほとんどが環濠の外に存在していたため、さまざまな解釈を生んでいる。2001（平成13）年国の史跡に指定され、松江市は病院に隣接する公園として整備し、05（平成17）年、公園の一部を開放した。史跡の整備と活用をめぐってはワークショップなどが開催され、現在では、地元のボランティアグループによって活用が図られ、幾多のイベントが開催されている。「美しい日本の歴史的風土100選」「日本の歴史公園100選」に選ばれているが、その趣は城址公園とは大きく異なる。遺跡の頂上に上ると、中央に9本柱の遺構があり、その周りには防護柵が連なり、急な斜面に3重の壕（ごう）が掘られている。目を上げると宍道湖

と出雲風土記の山々が一望され、思念は一気に2000年の時を超えていくのである。市街地の風景は大きく変化したが、聖なる山の姿、湖と溶け合う夕暮れの太陽は、この環濠をつくった人々が見たものと変わらない。ここを訪れる人々は、各人各様に古代を幻視することができる。

都 島根県立岩見海浜公園

　島根県西部、石見地方の海岸に全長5.5kmにわたって広がる美しいリゾート地である。都市公園の機能のうち、健康の維持増進、レクリエーション活動に焦点を当て、1971（昭和46）年に都市計画決定された。公園の整備にあたっては、海と砂丘、クロマツが茂る丘陵地の特性を活かし、「環日本海の人と生物の共生遊空間」をコンセプトに、天然自然とリゾート施設の調和が工夫されている。146.7haの広大な土地は、AゾーンからFゾーンまで6区画に分かれ、オートキャンプ場、水族館、アスレチック遊具場、花と緑の遊歩道、展望台など、多彩な施設にあふれている。また、公園内の二つの海水浴場は、環境省によって「美・清・安・優・豊」の五つの基準を満たすとされ、「快水浴場百選」に選ばれている。美しい日本海の海岸を前に、海水浴、マリンスポーツ、キャンプ、アスレチックなどさまざまなレクリエーションを満喫できる広域公園である。

庭 萬福寺庭園　＊史跡、名勝

　益田市東町にある萬福寺は、益田川右岸に位置していて、門を入ると正面に鎌倉時代の手法を残す本堂が見える。1374（応安7）年に七尾城主だった益田兼見が菩提寺として再建したという。萬福寺は時宗に属しているが、書院の庭園は禅宗の僧侶だった雪舟（1420～1506）作と伝えられている。

　園池の背後に小高い築山が設られていて、中央に枯滝があり、山頂から裾にかけて大小の石が力強く配置されている。庭石の上面（天端）を水平に据えていることや、築山の右手に巨石を置いて安定感を出していることが、この庭園を美しく見せている。園池の護岸石は手前を低く据えていて、対岸は大きい石を使って目立つようにしていることも、見る人の目を築山へと向けさせる効果がある。この庭園は園池があるので枯山水ではないけれども、石組は無駄がなく緊張感があって、枯山水のように感じられる。歴史的にみるならば、枯山水が園池から独立する前の段階を示している。

Ⅳ　風景の文化編　　169

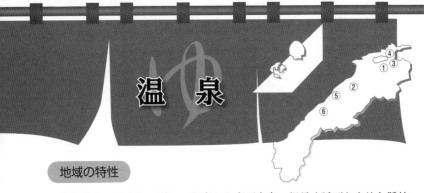

地域の特性

島根県は、日本海に面して北東から南西方向へ細長く延びた土地と隠岐諸島からなる県である。中心都市の松江や出雲は宍道湖の近くにあり、国づくりや国引きの神話や伝説が残されている。松江城は築城当時の天守閣が残されており、春の桜と一体となった景色は見事である。松江から近い出雲大社は、縁結びの神の大国主命を祀った社であり、大社造の本殿は国宝に指定されている。また、出雲平野には築地松とよばれるクロマツの防風林で囲まれた散居村といわれる民家が点在しており、樹齢200年以上のものもあるという。県内には山陰の小京都といわれる津和野、日本海に浮かぶ隠岐島、主に横山大観の日本画を展示した安達美術館、世界遺産にも関係する温泉津温泉などがあり、見所が多い。

◆旧国名：出雲、石見、隠岐　県花：ボタン　県鳥：オオハクチョウ

温泉地の特色

県内には宿泊施設のある温泉地が43カ所あり、源泉総数は265カ所、42℃以上の高温源泉は少ない。湧出量は毎分3万ℓで全国26位にランクされ、年間延べ宿泊客数は94万人で34位である。島根県を代表する歴史的な玉造は、年間59万人の客を受け入れている。国民保養温泉地は県央の三瓶山麓にある三瓶と東端の中海に近いさぎの湯の2地区が指定されている。

主な温泉地

①玉造　59万人、35位
単純温泉

県北東部、宍道湖に近い玉湯川沿いにあり、約1300年もの古い歴史を有する温泉地であるといわれる。『出雲国風土記』には、「この温泉は海岸

170

の近くの川辺にあって多くの老若男女が集まって温泉に浸かり、市をなすほどである。一度入浴すればきれいになり、再び浸かれば万病が良くなるので、人々は神の湯といって崇めてきた。」と記されるほどであった。出雲大社に近く、大国主命と国づくりをした少彦名命が発見したという温泉の価値が高く評価され、薬湯、美人の湯として発展してきた。川沿いの情緒ある町並みを形成している温泉宿は、高温の毎分1,500ℓもの豊富な温泉を利用しており、大きな庭園露天風呂をもつ宿もある。川沿いに玉造の地名に関係する勾玉のモニュメントがあるが、神代の昔から勾玉を作ってきたことの象徴であり、現在も青メノウの産地として知られている。川沿いに少彦名命を祀る玉作湯神社があり、国指定史跡の出雲玉作跡も整備されている。また、毎年8月20日の湯薬師の縁日に合わせて温泉祭りが開催される。

交通：JR山陰本線玉造温泉駅、タクシー5分

② 三瓶　国民保養温泉地
　　　　塩化物泉

　県中部、三瓶山の南麓にある温泉地で、泉質は塩化物泉、温度は40℃ほどであるが、湧出量は毎分3,000ℓも自噴していて、温泉資源性は高い。1959（昭和34）年に国民保養温泉地に指定された。三瓶山の西の原ではワラビ採りやピクニックの客が集まり、東の原はスキーやマウンテンバイクなどが楽しめ、北の原はオートキャンプのできるキャンプ場が整備されている。さらに、三瓶自然館サヒメルでは20mのドームスクリーンで映画やプラネタリウムも上映されている。近接地には、三瓶小豆原埋没林公園や史跡石見銀山があり、教養観光に適している。

交通：JR山陰本線大田市駅、バス45分

③ さぎの湯　国民保養温泉地
　　　　　　硫酸塩泉

　県北東部、中海に流れる飯梨川左岸の温泉地であり、泉温は40～60℃と高温であり、泉質は硫酸塩泉である。温泉地名の由来は8世紀前半の神亀年間、白鷺がこの湯で足の傷を癒したといわれる。1962（昭和37）年に国民保養温泉地に指定された。隣接して安達美術館があり、横山大観をはじめ、著名画家の作品が展示されており、絵画だけでなく見事な和風庭園に驚かされる。

Ⅳ　風景の文化編　　171

交通：JR山陰本線安来駅、バス20分

④松江　硫酸塩泉

　県北端、宍道湖岸に温泉旅館が並んでいるが、1971（昭和46）年に天然ガスの発掘中に77℃の高温の温泉が湧出したことを契機に、湖岸の埋立地が温泉旅館街として開発された。この温泉は地下1,250mから汲み上げられている。宍道湖に面しているので、松江の味覚である宍道湖七珍のスズキ、アマサギ（ワカサギ）、白魚、ウナギ、鯉、シジミ、モロゲエビが味わえる。松江城は現存する12天守の一つで、桃山時代の様式を伝える入母屋破風は見事であり、2015（平成27）年5月に国宝に指定された。また、小泉八雲の居宅や記念館、水路から水郷の歴史的町並みを眺める観光船もある。

交通：JR山陰本線松江駅、バス15分

⑤温泉津　塩化物泉

　島根県中西部、日本海に面する漁港の背後に展開する温泉地である。江戸時代、石見銀山の銀の積出港として栄え、その背後に温泉街が形成されている。この温泉は、約1300年も前に、大国主命が病のウサギを湯に浸けて助けたとか、旅の僧が湯に浸かっている狸を発見したとか伝えられる歴史の古い温泉地であり、現在15軒の温泉宿が営業していて落ち着いた温泉場の雰囲気を醸成している。温泉場の中心に共同浴場の「元湯泉薬師」と「薬師湯」があり、特に長命館が管理している元湯では、長い歴史を経て今日なお湧き出す本物の温泉に浸かることができる。温泉津では、毎年7〜8月に温泉街で日曜朝市が開かれており、鮮魚やウニなどの海産物をはじめ、農産物が販売されていて賑わう。また、1〜3月の土曜日のうち3回ほど、龍御前神社で伝統的な夜神楽が催行される。近くの石見銀山は世界遺産に登録され、石州瓦の赤い屋根で統一された見事な歴史的町並みが整備されており、旧代官所跡の石見銀山資料館もあって必見である。

交通：JR山陰本線温泉津駅、バス5分

⑥有福　単純温泉

　島根県中西部、江津市の南10kmほどに位置する温泉地である。丘陵斜

面に旅館が雛壇状に並んでおり、山陰の伊香保といわれる。この温泉地は1350年ほど前の650（白雉2）年に天竺の法道仙人が発見したという歴史を有し、落ち着いた雰囲気を醸成している。また、石見国の国司として赴任した万葉歌人の柿本人麻呂が、妻を同伴して訪れたという。現在、これまでの3カ所の外湯を中心にしつつ、6カ所の貸切露天・半露天風呂を開設したり、土曜日には石見神楽の実演を行い、有福でのユニークな結婚式をプロデュースするなど、新たな感覚での地域づくりに取り組んでいる。
交通：JR山陰本線江津駅、バス40分

執筆者 / 出典一覧

※参考参照文献は紙面の都合上割愛しましたので各出典をご覧ください

Ⅰ　歴史の文化編

【遺　跡】	石神裕之　（京都芸術大学歴史遺産学科教授）『47都道府県・遺跡百科』(2018)
【国宝 / 重要文化財】	森本和男　（歴史家）『47都道府県・国宝 / 重要文化財百科』(2018)
【城　郭】	西ヶ谷恭弘　（日本城郭史学会代表）『47都道府県・城郭百科』(2022)
【戦国大名】	森岡浩　（姓氏研究家）『47都道府県・戦国大名百科』(2023)
【名門 / 名家】	森岡浩　（姓氏研究家）『47都道府県・名門 / 名家百科』(2020)
【博物館】	草刈清人　（ミュージアム・フリーター）・可児光生　（美濃加茂市民ミュージアム館長）・坂本昇　（伊丹市昆虫館館長）・髙田浩二　（元海の中道海洋生態科学館館長）『47都道府県・博物館百科』(2022)
【名　字】	森岡浩　（姓氏研究家）『47都道府県・名字百科』(2019)

Ⅱ　食の文化編

【米 / 雑穀】	井上繁　（日本経済新聞社社友）『47都道府県・米 / 雑穀百科』(2017)
【こなもの】	成瀬宇平　（鎌倉女子大学名誉教授）『47都道府県・こなもの食文化百科』(2012)
【くだもの】	井上繁　（日本経済新聞社社友）『47都道府県・くだもの百科』(2017)
【魚　食】	成瀬宇平　（鎌倉女子大学名誉教授）『47都道府県・魚食文化百科』(2011)
【肉　食】	成瀬宇平　（鎌倉女子大学名誉教授）・横山次郎　（日本農産工業株式会社）『47都道府県・肉食文化百科』(2015)
【地　鶏】	成瀬宇平　（鎌倉女子大学名誉教授）・横山次郎　（日本農産工業株式会社）『47都道府県・地鶏百科』(2014)
【汁　物】	野﨑洋光　（元「分とく山」総料理長）・成瀬宇平　（鎌倉女子大学名誉教授）『47都道府県・汁物百科』(2015)
【伝統調味料】	成瀬宇平　（鎌倉女子大学名誉教授）『47都道府県・伝統調味料百科』(2013)
【発　酵】	北本勝ひこ　（日本薬科大学特任教授）『47都道府県・発酵文化百科』(2021)

【和菓子 / 郷土菓子】	亀井千歩子 （日本地域文化研究所代表）『47都道府県・和菓子 / 郷土菓子百科』(2016)
【乾物 / 干物】	星名桂治 （日本かんぶつ協会シニアアドバイザー）『47都道府県・乾物 / 干物百科』(2017)

Ⅲ　営みの文化編

【伝統行事】	神崎宣武 （民俗学者）『47都道府県・伝統行事百科』(2012)
【寺社信仰】	中山和久 （人間総合科学大学人間科学部教授）『47都道府県・寺社信仰百科』(2017)
【伝統工芸】	関根由子・指田京子・佐々木千雅子 （和くらし・くらぶ）『47都道府県・伝統工芸百科』(2021)
【民　話】	小泉 凡 （島根県立大学名誉教授）／ 花部英雄・小堀光夫編『47都道府県・民話百科』(2019)
【妖怪伝承】	小泉 凡 （島根県立大学名誉教授）／ 飯倉義之・香川雅信編、常光 徹・小松和彦監修『47都道府県・妖怪伝承百科』(2017) イラスト©東雲騎人
【高校野球】	森岡 浩 （姓氏研究家）『47都道府県・高校野球百科』(2021)
【やきもの】	神崎宣武 （民俗学者）『47都道府県・やきもの百科』(2021)

Ⅳ　風景の文化編

【地名由来】	谷川彰英 （筑波大学名誉教授）『47都道府県・地名由来百科』(2015)
【商店街】	河合保生 （ノートルダム清心女子大学教授）／ 正木久仁・杉山伸一編著『47都道府県・商店街百科』(2019)
【花風景】	西田正憲 （奈良県立大学名誉教授）『47都道府県・花風景百科』(2019)
【公園 / 庭園】	西田正憲 （奈良県立大学名誉教授）・飛田範夫 （庭園史研究家）・井原 縁 （奈良県立大学地域創造学部教授）・黒田乃生 （筑波大学芸術系教授）『47都道府県・公園 / 庭園百科』(2017)
【温　泉】	山村順次 （元城西国際大学観光学部教授）『47都道府県・温泉百科』(2015)

索　　引

あ 行

青柴垣神事　101, 109
赤壁　4
赤来高原観光りんご園　68
赤穴氏　31
あごの厚焼き　79
朝日丹波　97
アジサイ　162
小豆　57
小豆とぎ　133
尼子氏　31, 36
あゆべか　84, 85
鉱（あらがね／名字）　51
有沢家　37
有福　172
イカの麹漬け　95
いかのこはんぺん　71
いがもち　62, 100
出雲石燈ろう　126
出雲科学館　42
出雲国府跡　16
出雲市　3
出雲商(高)　139
出雲そばと麺つゆ　90
出雲大社　4, 110
出雲大社境内遺跡　17
出雲大社 古伝新嘗祭　96
出雲大社神門通り商店街　158
出雲大社本殿　21
出雲玉作遺跡群　16
出雲の「神在祭」と「ぜんざい」　99
『出雲国風土記』　7
出雲国造家　7
出雲弥生の森博物館　43
五十猛神社　117
板わかめ　70
イチゴ　67
イチジク　65
イチジクの生ハム包み　67
出羽氏　31
絲原家　37
芋柿ハムカツ　67

いもだんご　61
煎り酒　94
石見　2
岩見海浜公園　169
石見神楽　5, 113
石見銀山　4
石見銀山資料館（代官所跡）　46
石見智翠館高　139
石見の国 鬼村の昔卵　80
石見ポーク　76
石見焼　123, 144
石見和牛とステーキ　74
忌部家　37
牛鬼と濡れ女　133
うしおの沢池　57
薄小倉・菅公子　102
うずめめし　58
うっぷるいのり（十六島紫菜）の雑煮　58, 70, 105
海女房　134
ウメ　66
うるか　94
うるち米　55
うるめ丸干　70
えごまたまご　80
SPC島根ポーク　76
塩冶氏　32
大田高　139
大田市　3
大土地荒神社　116
大人　134
大元神社　118
大山神社　119
小笠原氏　32
隠岐　2, 166
隠岐がに粗汁　84
隠岐牛　74
億岐家　37
隠岐氏　32
隠岐自然館　45
オキシャクナゲ　164
隠岐騒動　10
隠岐島後のオキシャクナゲ　164

隠岐の牛突き　5
奥出雲蕎麦　104
奥出雲多根自然博物館　46
奥出雲和牛　75
オショネ　134
乙部家　37
小野家　38
重栖（おもす／名字）　51
おやき　62

か 行

開星高　139
海鮮うずめ飯　71
カキ　65
柿酢　94
カキツバタ　165
柿本人麻呂　7
かけや酒蔵資料館　96
かしわもち　62
かたりまんじ　101
月山富田城　8, 25
勝部家　38
金屋子神社　116
金子家　38
鹿子原の虫送り踊り　59
神在祭　99, 100
亀井家　38
加茂岩倉遺跡　14
加茂神社　117
鴨の貝焼き　77
かや巻き　101
神等去出祭　100
カワコ　134
川魚料理　71
川東水路　57
冠婚葬祭・法事の引き出物に「法事パン」　102
観音菩薩立像　19
神庭荒神谷遺跡　14
神原神社古墳　15
キウイ　66
木佐家　39
北島家　39
きぬむすめ　55
旧大社駅本屋　21

京店商店街	157	崎ヶ鼻洞窟遺跡	13	宍道湖珍味	70
銀山赤どり	77, 80	佐波氏	33	宍道氏	33
銀天街(どんちっちタウン)	159	サンショウ	67	神饌としての油で揚げた米菓	62
鯨の大かぶ汁	84, 85	三瓶	171	神像	20
鯨飯	77	三瓶山	151, 167	真山城	27
久利氏	32	三瓶自然館サヒメル	45	水郷・松江のこだわり醤油	88
クリ	66	潮風牛	75		
栗と生ハムのリゾット	67	塩井(しおのい)	90	すいば汁	84, 85
来間屋生姜糖	102	しじみ醤油	89	菅原道真	131
呉汁	84	シジミ汁	85	スズキの奉書焼	71
クロマツ	4	シジミ汁と味噌	90	周布氏	33
鶏卵饅頭	79	シジミのみそ汁	71	すもじ	58
げたのは	103	地伝酒	94	スモモ	66
月照寺のアジサイ	162	島根あらめ	105	関ヶ原の戦い	8
源氏巻	62, 79, 102	しまね海洋館アクアス	44	石州半紙・石州和紙	125
けんちん汁	84, 85	島根牛みそ玉丼	79	セコ	135
ケンボロー芙蓉ポーク	76	島根くろもじ	106	千家家	40
小泉八雲	5	島根県立岩見海浜公園	169	ぜんざい	99
小泉八雲記念館	45	島根県立古代出雲歴史博物館	43	そば	57
コイの糸造り	71	島根県立三瓶自然館サヒメル	45		
荒神谷遺跡出土品	3, 19	島根県立しまね海洋館アクアス	44	**た 行**	
荒神谷博物館	43	島根県立宍道湖自然館ゴビウス	44	太鼓谷稲成神社春季大祭	59
江津工(高)	140	島根県立八雲立つ風土記の丘	44	大根島のボタン	163
江津市	3	島根産銘柄和牛	75	大社高	140
こくしょう汁	84, 85	島根大学生物資源科学部生命科学科食生命科学コース	96	大豆	57
コシヒカリ	55	島根半島	167	大山隠岐国立公園隠岐	166
子育て幽霊	135	しまね和牛	73	大山隠岐国立公園島根半島・三瓶山	167
古代出雲歴史博物館	43	順庵原遺跡	15	たい飯	71
後醍醐天皇	8	出西焼き	147	高砂酒蔵資料館	96
古伝新嘗祭	111	承久の乱	8	多賀氏	33
ゴマドレッシング	90	城山公園	167	高田屋羊羹	102
小麦	56	醸造用米	56	高橋氏	34
こもり豆腐	71	焼酎	94	焼火神社	120
古屋の漏り	130	醤油	82, 88, 93	竹切り爺	128
木幡家	39	食塩	82, 89	たたら製鉄	5
		白魚の澄まし汁	84	田部(名字)	51
さ 行		白鹿城	24	田部家	40
佐香神社(松尾神社)どぶろく祭り	95	神幸祭	110	玉造	170
魚の干物	70	神在祭	99, 100	玉造温泉	152
佐香錦	56	神西氏	33	田和山史跡公園	168
さぎの湯	171	宍道湖	151	俵まんじゅう	79
サクラ	161, 162	宍道湖シジミ汁	84	俵まんぢう	79
桜井家	39	宍道湖自然館ゴビウス	44	端午の節供の「かや巻き」と「かたりまんじ」	101
さざえ飯	72	宍道湖七珍	6	チーズ	95
佐太神社御田植祭	111			千鳥羹	103
佐陀神能	112			知夫	152
さで婆さん	135			茶町商店街	157
鯖の塩辛	94			都賀西用水	57
サバ料理	71				

索 引 177

津田かぶ漬け	95	浜田市	3	まめ栗	61
筒描藍染	123	浜田商(高)	141	万九千神社	96
ツツジ	164	浜田城	25	萬歳楽の椀隠し	59
つと蒲鉾	72	斐伊川	2, 153	萬福寺	118, 169
つや姫	55	斐伊川堤防のサクラ	162	萬福寺庭園	169
津和野	4	姫小袖	102	ミカン	65
津和野城	24	姫逃池のカキツバタ	165	ミコトモチ	55
津和野の鷺舞	113	ビール	94	三沢氏	35
津和野のハナショウブとツワブキ	163	広瀬絣	95, 122	三隅公園のツツジ	164
ツワブキ	163	ビワ	65	味噌	82, 88, 93
出入捷覧	9	瓶詰めウニ	70	路芝	102
天川の水	58	ブドウ	64	三刀屋氏	35
天神町商店街	157	ふら汁	84, 86	三刀屋城	28
天保竹島一件	9	フルーツカスタード	67	美保神社	101, 109, 116
天領軍鶏	77, 80	ブルーベリー	66	美保神社の「青柴垣神事」	101
島前知夫里島	2	プルーン	64	ムシガレイの料理	70
トウモロコシ(スイートコーン)	56	へか焼き	70	村上家	41
ドジョウ料理	72	弁慶森と弁慶島	130	名君松平不昧公と名臣朝日丹波	97
トビウオの「野焼き」	71	法事パン	102	めかぶうどん	63
どんちっち干物	106	干し柿	68	目次(めつぎ/名字)	51
な 行		ボタン	4, 163	メノハめし	58
ナシ	66	渤海使	6	メロン	66
ナスのうるか煮	95	ぼてぼて茶	85	麺つゆ	89
菜種の里	99	堀家	40	木芸品	125
七尋女房	131, 136	ほんだわら	105	もち米	55
西川津遺跡	13	本町商店街	157	桃	66
西谷墳墓群	6	**ま 行**		桃太郎	129
二条大麦	56	馬来氏	34	桃の節供の「花もち」「いがもち」	100
日本酒	93	益田(名字)	51	森鴎外記念館	46
日本ナシ	66	益田高	141	諸手船神事	109
邇摩高	140	益田産アムスメロンのスープ	67	**や 行**	
鼠の浄土	129	益田市	3	焼板わかめ	105
野馬	136	益田氏	34	焼きもち	61
のっぺい汁(濃餅汁)	84	益田城	26	八雲小倉	102
は 行		益田翔陽高	141	八雲立つ風土記の丘	44
ハクチョウ	80	益田東高	141	弥栄神社	119
化け猫	136	松江	172	安来	153
はだか麦	56	松江北高	142	安来節	5
八幡宮	118	松江市	2	流鏑馬神事	58
八幡焼	145	松江商(高)	142	やぶさめのため池	57
ハッサク	65	松江城	3, 26	ヤブツバキ	161
ハトムギ	56	松江城下町	4	山川	98
ハナエチゼン	55	松江城山公園のサクラとヤブツバキ	161	山川・若草・菜種の里	103
ハナショウブ	163	松江城天守	20	山代二子塚古墳	15
花もち	100	松江の茶の湯	5	ヤマトシジミ	2
浜田県	10	松江歴史館	45	山吹城	28
浜田高	140	松平家	40, 41	山本家	41
		松平不昧	97		

由来八幡宮	117	**ら 行**		**わ 行**	
ユズ	64				
湯鯛	63	楽山焼	124	ワイン	94
ゆで卵と干し柿の天ぷら	67	立正大淞南高	142	若草	98
温泉津	172	リンゴ	65	和鋼博物館	46
温泉津温泉	153	例大祭	110	鰐料理	95
温泉津焼	146	六条大麦	56	割り子そば	63
吉見氏	35	ロースビネガー	90		
米原氏	35				

47都道府県ご当地文化百科・島根県

令和6年10月30日　発　行

編　者　丸　善　出　版

発行者　池　田　和　博

発行所　丸善出版株式会社
〒101-0051 東京都千代田区神田神保町二丁目17番
編集：電話（03）3512-3264／FAX（03）3512-3272
営業：電話（03）3512-3256／FAX（03）3512-3270
https://www.maruzen-publishing.co.jp

© Maruzen Publishing Co., Ltd. 2024

組版印刷・富士美術印刷株式会社／製本・株式会社 松岳社

ISBN 978-4-621-30955-1　C 0525　　　　　Printed in Japan

JCOPY 〈（一社）出版者著作権管理機構　委託出版物〉

本書の無断複写は著作権法上での例外を除き禁じられています．複写される場合は，そのつど事前に，（一社）出版者著作権管理機構（電話03-5244-5088, FAX 03-5244-5089, e-mail：info@jcopy.or.jp）の許諾を得てください．

【好評既刊 ● 47都道府県百科シリーズ】

（定価：本体価格3800〜4400円＋税）

- 47都道府県・**伝統食百科**……その地ならではの伝統料理を具体的に解説
- 47都道府県・**地野菜/伝統野菜百科**……その地特有の野菜から食べ方まで
- 47都道府県・**魚食文化百科**……魚介類から加工品、魚料理まで一挙に紹介
- 47都道府県・**伝統行事百科**……新鮮味ある切り口で主要伝統行事を平易解説
- 47都道府県・**こなもの食文化百科**……加工方法、食べ方、歴史を興味深く解説
- 47都道府県・**伝統調味料百科**……各地の伝統的な味付けや調味料、素材を紹介
- 47都道府県・**地鶏百科**……各地の地鶏・銘柄鳥・卵や美味い料理を紹介
- 47都道府県・**肉食文化百科**……古来から愛された肉食の歴史・文化を解説
- 47都道府県・**地名由来百科**……興味をそそる地名の由来が盛りだくさん！
- 47都道府県・**汁物百科**……ご当地ならではの滋味の話題が満載！
- 47都道府県・**温泉百科**……立地・歴史・観光・先人の足跡などを紹介
- 47都道府県・**和菓子/郷土菓子百科**……地元にちなんだお菓子がわかる
- 47都道府県・**乾物/干物百科**……乾物の種類、作り方から食べ方まで
- 47都道府県・**寺社信仰百科**……ユニークな寺社や信仰を具体的に解説
- 47都道府県・**くだもの百科**……地域性あふれる名産・特産の果物を紹介
- 47都道府県・**公園/庭園百科**……自然が生んだ快適野外空間340事例を紹介
- 47都道府県・**妖怪伝承百科**……地元の人の心に根付く妖怪伝承とはなにか
- 47都道府県・**米/雑穀百科**……地元こだわりの美味しいお米・雑穀がわかる
- 47都道府県・**遺跡百科**……原始〜近・現代まで全国の遺跡＆遺物を通観
- 47都道府県・**国宝/重要文化財百科**……近代的美術観・審美眼の粋を知る！
- 47都道府県・**花風景百科**……花に癒される、全国花物語350事例！
- 47都道府県・**名字百科**……NHK「日本人のおなまえっ！」解説者の意欲作
- 47都道府県・**商店街百科**……全国の魅力的な商店街を紹介
- 47都道府県・**民話百科**……昔話、伝説、世間話…語り継がれた話が読める
- 47都道府県・**名門/名家百科**……都道府県ごとに名門/名家を徹底解説
- 47都道府県・**やきもの百科**……やきもの大国の地域性を民俗学的見地で解説
- 47都道府県・**発酵文化百科**……風土ごとの多様な発酵文化・発酵食品を解説
- 47都道府県・**高校野球百科**……高校野球の基礎知識と強豪校を徹底解説
- 47都道府県・**伝統工芸百科**……現代に活きる伝統工芸を歴史とともに紹介
- 47都道府県・**城下町百科**……全国各地の城下町の歴史と魅力を解説
- 47都道府県・**博物館百科**……モノ＆コトが詰まった博物館を厳選
- 47都道府県・**城郭百科**……お城から見るあなたの県の特色
- 47都道府県・**戦国大名百科**……群雄割拠した戦国大名・国衆を徹底解説
- 47都道府県・**産業遺産百科**……保存と活用の歴史を解説。探訪にも役立つ
- 47都道府県・**民俗芸能百科**……各地で現存し輝き続ける民俗芸能がわかる
- 47都道府県・**大相撲力士百科**……古今東西の幕内力士の郷里や魅力を紹介
- 47都道府県・**老舗百科**……長寿の秘訣、歴史や経営理念を紹介
- 47都道府県・**地質景観/ジオサイト百科**……ユニークな地質景観の謎を解く
- 47都道府県・**文学の偉人百科**……主要文学者が総覧できるユニークなガイド